VLADIMIR PÉREZ RAMÍREZ

RECONCILIAÇÃO E *Perdão*

Segundo os ensinamentos de
Anselm Grün

Dados Internacionais de Catalogação na Publicação (CIP)
(Câmara Brasileira do Livro, SP, Brasil)

Pérez Ramírez, Vladimir
 Reconciliação e perdão : segundo os ensinamentos de Anselm Grün / Vladimir Pérez Ramírez ; tradução Paulo F. Valério. — São Paulo : Paulinas, 2008. — (Coleção sede de Deus).

Título original: Reconciliación y perdón.
Bibliografia.
ISBN 978-85-356-2326-0
ISBN 980-208-404-2 (Ed. original)

1. Perdão – Aspectos religiosos   2. Reconciliação – Aspectos religiosos   3. Vida cristã   I. Título.   II. Série.

08-08015   CDD-243.5

Índice para catálogo sistemático:
1. Reconciliação : Arrependimento e perdão : Doutrina cristã   243.5

Título original da obra: *Reconciliación y perdón*
© Ediciones Trípode, Caracas, 2004.

Direção-geral: *Flávia Reginatto*
Editora responsável: *Vera Ivanise Bombonatto*
Tradução: *Paulo F. Valério*
Copidesque: *Cirano Dias Pelin*
Revisão: *Sandra Sinzato e Jaci Dantas*
Direção de arte: *Irma Cipriani*
Gerente de produção: *Felício Calegaro Neto*
Capa e editoração eletrônica: *Manuel Rebelato Miramontes*

Nenhuma parte desta obra poderá ser reproduzida ou transmitida por qualquer forma e/ou quaisquer meios (eletrônico ou mecânico, incluindo fotocópia e gravação) ou arquivada em qualquer sistema ou banco de dados sem permissão escrita da Editora. Direitos reservados.

Paulinas
Rua Pedro de Toledo, 164
04039-000 – São Paulo – SP (Brasil)
Tel.: (11) 2125-3549 – Fax: (11) 2125-3548
http://www.paulinas.org.br – editora@paulinas.com.br
Telemarketing e SAC: 0800-7010081
© Pia Sociedade Filhas de São Paulo – São Paulo, 2008

Prólogo

Ao nos introduzirmos na mensagem de um autor, é de suma importância conhecer sua realidade, seu contexto vital, a que se dedica, qual foi seu itinerário humano e espiritual, pois, levando em conta esta realidade concreta, podemos entender melhor o que o autor nos quer ensinar e até onde pretende conduzir-nos. Este é o principal motivo de resenhar a biografia do padre Anselm Grün.

Anselm Grün nasceu no dia 14 de janeiro de 1945, em Junkershausen, Rhön, Alemanha. Em 1964, terminou seus estudos de bacharelado em Würzburg e, aos 19 anos, entrou para a abadia beneditina de Münsterschwarzach, Alemanha.

Entre os anos 1965-1974 fez seus estudos filosóficos e teológicos em San Ottilien e em Roma, no Instituto Santo Anselmo. Concluiu seus estudos com a tese intitulada *Erlösung durch das Kreuz. Karl Rahner Beitrag zu einem heutigen Erlösungsverständnis* [*A redenção mediante a cruz. A contribuição de Karl Rahner para a compreensão atual da redenção*]. Seu orientador foi o padre Magnus Löhrer, osb, da abadia de Einsiedeln.

Entre 1974-1976 fez estudos de administração de empresas em Nürnberg. Em 1970, participou de cursos de meditação, de dinâmica de grupos, de psicologia com Graf Dürcheim, em Rütte, Alemanha. Confrontou-se com a psicologia de C. G. Jung e, desde 1975, tem uma preocupação especial em cotejá-la com as fontes da tradição monástica, sobretudo com Evágrio Pôntico, João Cassiano e os Padres do deserto. Sua intenção é comparar os escritos deles com a psicologia de C. G. Jung.

Desde 1976 é celeireiro (ecônomo), ou seja, administrador econômico da abadia de Münsterschwarzach. Juntamente com esta atividade, desenvolve outras: planeja, ministra cursos, dá conferências, é autor de muitos livros — cerca de oitenta. Diz textualmente:

> Em meus livros, procuro tornar frutífera para as pessoas de hoje a tradição espiritual do cristianismo a partir do monaquismo, da liturgia e do ano litúrgico. Levo a cabo esta tarefa comparando tais escritos com as perspectivas psicológicas e descrevendo seu espírito sanativo.

Desde 1971 é diretor espiritual na casa de recolhimento da Abadia de Münsterschwarzach, destinada a sacerdotes e religiosos em situação de crise.

Quatro perspectivas configuram a vida do padre A. Grün e estão refletidas em seus escritos. Em primeiro lugar, Grün confessa como, durante seus anos de universidade (1965-1974), tratou a si mesmo com dureza, até padecer uma profunda crise. Assim se expressa:

> Todos temos a tendência de sermos agressivos conosco mesmos e, além disso, em nome de Deus. Sei disso por experiência própria. Até na universidade fui muito duro comigo. Era preciso acabar com minhas necessidades e com meus sentimentos. Precisava colocar-me, acima de tudo, a serviço do ideal, lutando sem reservas e com todas as forças pelo Reino de Deus. Felizmente, naquele período, sofri uma crise profunda que derrubou o edifício de minha vida, e Deus foi-me construindo, pouco a pouco, uma casa nova e acolhedora.[1]

Em segundo lugar, a vida de Grün, como monge beneditino, tem um forte sentido de vocação missionária: deseja tomar sobre

---

[1] GRÜN, A. *Portarse bien con uno mismo*. 4. ed. Salamanca, Sígueme, 2000. p. 11.

si as tristezas e as angústias dos homens de nosso tempo. Nada há de verdadeiramente humano que não tenha ressonância em seu coração.[2] Essa perspectiva está expressa no prólogo de um de seus livros:

> Faz anos que procuro expor o rico conteúdo da fé cristã e da tradição católica em uma linguagem inteligível para o homem moderno e de maneira que lhe chegue ao coração. Os monges antigos souberam harmonizar sempre os aspectos psicológicos com as experiências espirituais. Para eles, a fé possuía sempre uma função terapêutica. Demonstrar a dimensão sanativa da fé e da prática da vida cristã é precisamente o objetivo de minhas pesquisas. Com isso, pretendo ajudar os homens de hoje a tornar a beber, com renovado entusiasmo, nas fontes da Bíblia e da tradição da Igreja. É o objetivo de minha própria busca espiritual.[3]

Em terceiro lugar, a experiência de vida dá-lhe uma grande lição, que o leva, e não apenas a ele, mas a todos os monges da abadia, a abrir um espaço de meditação e de reflexão sobre o acontecido:

> A grande lição foi a epidemia espiritual que, no final da década de 1960, invadiu um paraíso alemão de privilegiados: em poucos anos, saiu de sua abadia um grupo de monges, e não precisamente de velhos cansados ou de jovens desenganados, mas dos já bem preparados. Com valente sinceridade e heróica lealdade, analisaram abertamente tão pungente realidade, sendo essa humildade exemplar a grande verdade libertadora, marco histórico providencial de uma nova era. Ao estudar tudo a fundo, sem sincretismo, e para além da análise da "crise da meia-idade" [...], nasceria de suas entranhas um

---

[2] Cf. CONCÍLIO VATICANO II. *Gaudium et spes*, n. 1.
[3] GRÜN, A. & DUFNER, M. *La salud como tarea espiritual. Actitudes para encontrar un nuevo gusto por la vida*. Madrid, Narcea, 2000. p. 7.

fogo espiritual que irradiaria sua luz sobre mil almas que em tantos anos "reconquistaram", à sua sombra, suas vidas.[4]

Em quarto lugar, esse "fogo espiritual": a casa de recolhimento da Abadia de Münsterschwarzach, que existe desde 1991, se atende espiritual e psicoterapeuticamente a sacerdotes e religiosos, por um período de três meses, em que são orientados e acompanhados por uma equipe integrada por terapeutas, diretores espirituais e uma médica.

A casa foi idealizada para sacerdotes e religiosos que se encontram em situação de transição, seja por uma crise condicionada pela própria biografia, seja por haver recebido uma nova tarefa. Sofrem alguma forma benigna de depressão por haver experimentado perdas pessoais e profissionais. Esgotaram-se espiritual e psiquicamente; ou querem evitar a tempo o exaurir-se internamente; ou querem orientar-se novamente e, acima de tudo, no âmbito da espiritualidade e em relação a seu desenvolvimento, querem aprender e vivenciar algo novo.

A concepção da casa de acolhimento baseia-se na filosofia de que qualquer sofrimento, com seus mais diversos rostos, repercute em toda a pessoa. Destarte, os processos físicos, emocionais, espirituais e intelectuais são formas de expressão da pessoa toda. Neste lugar se percebe a importância dada ao acompanhamento psicoterápico e espiritual.

Por isso a atenção psicoterápica que se oferece durante a permanência na casa é cogitada e realizada sempre em conexão com o desenvolvimento espiritual do indivíduo e deve contribuir também para fomentar tal desenvolvimento.

Por conseguinte, a casa de acolhimento da Abadia de Münsterschwarzach não se encontra num contexto clínico, mas espiritual, ou seja, graças à dimensão espiritual é possível que as pessoas se abram cada vez mais a Deus, a fim de escutar o que ele quer dizer-

---

[4] García Llovera, J. M. Presentación. In: Grün, A. *Oración y autoconocimiento*. Estella, Verbo Divino, 2001. pp. 7-8. [Ed. bras.: *Oração e autoconhecimento*. 4. ed. Petrópolis, Vozes, 2007.]

lhes e, assim, entrar num contato ainda mais íntimo com o que ele tem em mente para cada um. Nesse sentido, ao estar vinculada à abadia beneditina, a casa é, ao mesmo tempo, um lugar que facilita entabular uma relação mais profunda com Deus. Isso é possível porque, juntamente com as ofertas espirituais na casa de recolhimento, os visitantes podem participar das vésperas e, duas vezes por semana, da celebração da Eucaristia na igreja da abadia.

Por outro lado, a casa de recolhimento compreende a si mesma como uma instituição eclesial. Isso é perceptível no fato de que os sete episcopados[5] contribuem financeiramente para sua manutenção, e suas relações baseiam-se na confiança. Para alguns, resulta numa experiência nova sobre a Igreja o fato de que, no trabalho da casa, se leve igualmente a sério tanto a dimensão espiritual quanto a psicológica, plasmada na situação vital dos sacerdotes e religiosos, para que, com isso, se fomente uma vida sana, psíquica e espiritualmente falando.[6]

Em seus escritos, Grün reflete essas perspectivas como fonte, já que estão orientados a fazer descobrir o verdadeiro sentido da vida e, por sua vez, fomentar uma vida sadia, psíquica e espiritual. Para esse fim, parte do ser humano como pessoa, com toda a sua realidade e história biográfica, que, porém, é um ser em projeto, que se faz e se constrói a partir do que existe. Da mesma maneira, esse indivíduo a quem dirige seus escritos é um crente, e Grün desafia-o a que, mediante sua fé, encontre esse espaço vital para desenvolver suas potencialidades.

Note-se, ainda, que o padre Grün escreveu diversos livros, sendo autor de mais de oitenta títulos, dos quais a maioria já foi traduzida para a língua portuguesa.[7]

---

[5] Dioceses de Augsburg, Friburg, Limburg, Rottenburg-Stuttgart, Mainz, München e Würzburg.

[6] Cf. MÜLLER, W. La casa de recogimiento en Münsterschwarzach. In: GRÜN, A. & MÜLLER, W. (Dir.). *Qué enferma y qué sana a los hombres*. Estella, Verbo Divino, 2000. pp. 199-208.

[7] Para maior aprofundamento dos dados bibliográficos, consulte-se o editorial da abadia através de sua página <www.abtei-muensterschwarzach.de>.

Introdução

"[...] e perdoa-nos as nossas dívidas como também nós perdoamos aos nossos devedores" (Mt 6,12).

A *reconciliação* e o *perdão* constituem um tema atual, dada a fragmentação, o dilaceramento que a pessoa sofre atualmente na sociedade. Você, leitor, tem nas mãos um livro cujo interesse fundamental é analisar a influência do pensamento psicológico na moral da reconciliação e do perdão na obra de Anselm Grün.

O tema da reconciliação e do perdão tem uma palavra a dizer a toda esta realidade fragmentada, lacerada, visto ser necessário que alguém ofereça perdão, a fim de que, a partir do perdão, se possa exigir a justiça e se busque a paz e a restauração. Aqui se faz ouvir a voz da Igreja, das comunidades cristãs de todo o mundo, dos cristãos peregrinos que podem converter-se em arautos e anfitriões da reconciliação e do perdão.

Para que esta reconciliação e este perdão sejam uma realidade estável e durável, a psicologia oferece ferramentas e intuições que podemos colocar a serviço do ministério da reconciliação. Por outro lado, a espiritualidade cristã oferece um caráter abrangente da vida, baseado na certeza de que Deus nos ama total e pessoalmente tal como somos, com todos os aspectos positivos e negativos, fortalezas e debilidades que fazem de nós indivíduos únicos e de rica complexidade. Nesse sentido, tanto a psicologia como a espiritualidade iluminam a reflexão moral, a partir de perspectivas novas, e fazem com que entendamos melhor o Evangelho.

O padre Anselm Grün tem dedicado sua vida a aprofundar a espiritualidade cristã, mas uma espiritualidade holística, que significa criatividade e fantasia, vitalidade e gosto pela vida. A pergunta que reaparece em seus escritos — como suscitar vida nos homens? — é o fio condutor do presente trabalho e consonante com a mensagem de Jesus: "Eu vim para que tenham vida e a tenham em abundância" (Jo 10,10). Creio que a reflexão moral de hoje e de amanhã deverá traduzir-se na busca de sentidos totalizantes para a vida dos homens e das mulheres de nosso tempo. Grün também concentrou seu interesse em tornar frutífera para a sociedade de hoje a tradição espiritual do cristianismo, a partir da tradição monástica e dos Padres do deserto, confrontando-os com a psicologia de C. G. Jung, descrevendo seu espírito sanativo.

Penso que essas idéias são iluminadoras e sugestivas, e poderiam ser aplicadas no confessionário ou na direção ou acompanhamento espiritual, pois, em vez de encerrar-nos nas feridas de nosso coração, podemos optar por uma via mais esperançosa, aprender a contatar e viver a partir do nosso autêntico *eu*, desde nosso centro profundo, convertendo-nos em atores e não reatores de nossa própria vida e história. Isso nos capacita a nos afirmarmos e sermos nós mesmos em um mundo que, amiúde, mostra-se insensível, violento, dilacerado, onde buscamos criar relações humanas e humanizadoras. É verdade que, desde alguns anos, o sacramento da reconciliação atravessa uma profunda crise, mas é necessário redescobrir esse ritual, com imaginação e fantasia, a fim de que converta em um instrumento de verdadeira paz, perdão e reconciliação em meio às pessoas.

Reconciliação e *perdão* são palavras nas quais se expressa a essência da mensagem cristã, porque são a resposta a uma necessidade medular dos seres humanos a seu dilaceramento interior e à sua incapacidade para perdoar-se e poder viver em paz consigo e com os demais.

Perdão e *reconciliação* complementam-se, mas possuem sentido diferente. Em sua origem grega, a palavra "perdão" significa despedir, deixar livre, absolver. O *perdão* relaciona-se sempre com uma culpa, com a acepção ativa de cancelar, libertar-se, arrancar de si e desfazer-se de algo. Em contrapartida, *reconciliação* significa acalmar, apaziguar, atrair as vontades opostas, restabelecer a harmonia e a concórdia. Evidentemente, mediante a reconciliação, os homens se aproximam uns dos outros e de Deus. Todo ser humano pode reconciliar-se consigo mesmo, aceitar sua realidade tal como é. Contudo, na reconciliação e no perdão, visa-se à nova comunhão dos indivíduos entre si e com Deus. Neste sentido, não existe reconciliação sem perdão, e o perdão tem como finalidade a comunidade de vida reconciliada.[1]

O homem de hoje é um ser fragmentado, interiormente dilacerado e dividido, que vive em guerra consigo mesmo e com os outros. Em seu imaginário religioso, aparece a imagem de um "Deus" juiz e justiceiro. Para que este indivíduo possa encontrar-se consigo mesmo, confiar em si mesmo e em sua capacidade de realização, faz-se necessária a apresentação da imagem de Deus como Pai, amor e misericórdia. Dela depende, em grande medida, a tarefa da reconciliação e do perdão. Um Deus Pai que nos aceita tal como somos, que quer a realização de seus filhos, a vida em plenitude, é a melhor terapia para convidar essa pessoa a ser, no meio da humanidade, anfitrião da reconciliação e do perdão.

Para serem homens reconciliados e reconciliadores, faz-se necessário serem capazes de assumir êxitos e falhas no processo de tornarem-se crentes, pois o aprender humildemente a partir dos erros, falhas e insuficiências do passado é uma maneira muito salutar de crescer mediante uma conversão contínua. Uma moral que assuma essas tarefas será uma moral reconciliada e, ademais, terá a capacidade para converter-se em reconciliadora. Para isso,

---

[1] Cf. Grün, A. *Si aceptas perdonarte, perdonarás*. Madrid, Narcea, 2001. pp. 9-10.

terá de ser uma moral crente, que brota da vivência religiosa madura, ou seja, da ação contínua do Espírito de Jesus que trabalha conosco.

Meu desejo é mostrar às pessoas a necessidade de evangelizar o âmago do coração, a fim de produzir frutos no amor para a vida do mundo.[2] Para levar a cabo esta tarefa, necessitamos dialogar com Deus e com os demais seres humanos a partir do fundo de nossa personalidade, descendo até tudo o que está oculto em nosso corpo, em nossa alma, em nosso espírito, até a tomada de consciência dos caminhos equivocados que possamos ter escolhido. Buscamos a conversão, não a cura, visto que, muitas vezes, não sabemos reconhecer uma restauração real na qual possam subsistir fragilidades físicas ou psicológicas. Aceitá-las e assumi-las com um coração apaziguado e esclarecido é um verdadeiro caminho rumo à cura.

O caminho consiste em começar por nós mesmos, pois esta é nossa primeira responsabilidade, nosso primeiro campo de experiência. Todavia, para não acabar em nós, tomamo-nos como ponto de partida, mas não como finalidade. Assim, progredindo na conversão, o mundo ao redor começará a se renovar. Em outras palavras: buscamos o perdão e a reconciliação não como um ponto de chegada, mas de partida. A meta está situada nos novos contatos que nascem dos relacionamentos intrapessoais, interpessoais e na sociedade humana.

Organizo o desenvolvimento do livro em quatro capítulos.

No primeiro capítulo, falamos do que adoece as pessoas. Analisam-se as causas que dão lugar à dureza do ser humano consigo mesmo, as feridas da infância que repercutem em nossos comportamentos e as formas de falta de amor a si mesmo que estão expostas nas lendas dos heróis gregos.

No segundo capítulo, referimo-nos às reações perante a falta. É inevitável cometermos erros ou nos sentirmos culpados, mas,

---

[2] Cf. Concílio Vaticano II. *Optatam totius*, n. 16.

na maioria das vezes, vivemos nossos desacertos como inculpação ou exculpação, sem nos dar conta de que os mesmos não são quimicamente puros. Por isso, analisamos a culpa considerando-a uma oportunidade para o desenvolvimento e apresentamos um tratamento para enfrentar os sentimentos de culpabilidade.

No terceiro capítulo, apresentamos uma contribuição para a espiritualidade a partir de baixo, seus aspectos psicológicos e um caminho para chegar a descobrir nossa própria verdade: diálogo com nossos sentimentos, pensamentos, enfermidades, feridas, traumas e até nossos pretensos fracassos. Concluímos oferecendo alguns critérios para melhorar nossa vida espiritual.

No quarto e último capítulo, tratamos da reconciliação e do perdão no âmbito pessoal. Num primeiro momento, propomos estratégias para perdoar-nos a nós mesmos, perdoar de coração. A seguir, a reconciliação com o próximo, tendo como modelo e guia Jesus Cristo, sua vida e suas palavras. Num terceiro momento, concentramo-nos no sacramento da reconciliação como ritual da Igreja, a partir da perspectiva do discípulo que tira de seus baús o novo e o velho (Mt 13,52), projetando luzes que iluminam e promovem uma celebração eficaz do ritual da reconciliação.

Nessa perspectiva, o desenvolvimento da exposição será feito de maneira interdisciplinar, no âmbito das ciências humanas, tanto da psicologia quanto da teologia (prático-pastoral e espiritual). Escrevo menos como teólogo do que como pastor, e penso que a tarefa que nos é proposta não é a de ensinar o aprendido, mas de mostrar o vivido, buscando junto à comunidade cristã caminhos de libertação, desenvolvimento e plenitude humana e cristã. Para levar a bom termo esta missão, precisamos de um contexto de contemplação e de oração. Em outros termos: aos cristãos de hoje pede-se viver uma força mistagógica, ou seja, ensinar e iniciar com o exemplo, pois somente a partir de um espaço onde nada se teme — visto que nada humano nos separa do amor de Deus —, é possível crescer na dinâmica da reconciliação e do perdão, pois Deus é a fonte do perdão e da reconciliação: somente a partir de sua graça podemos perdoar, tornando realidade a verdade que rezamos no pai-nosso.

Que Maria, mãe da misericórdia, continue a ensinar-nos a guardar e a ruminar tudo o que não entendemos e que nos faz sofrer, dilacerando-nos interiormente, a fim de convertê-lo em fonte de humildade e de salvação para nós e para a edificação e crescimento de nossas comunidades cristãs.

O que adoece as pessoas?

O caminho do amor [...] passa pelo caminho do próprio coração. É preciso que, primeiramente, muitas coisas em nós mesmos sejam curadas até que sejamos capazes de poder amar tão desinteressadamente que nosso amor seja capaz de curar a outros.

A. Grün

1
O que adoece as pessoas?

Uma preocupação constante nos escritos do padre Grün é como a fé se converte em mediação terapêutica para a práxis cristã, orientada a encontrar nos seres humanos um novo gosto pela vida.

Por isso seu desejo de buscar resposta à pergunta: o que faz as pessoas adoecerem? Ao falar de enfermidade, Grün interpreta-a psicossomaticamente, ainda que considere que não é, nem pode ser, uma interpretação exclusiva.[1] Essas enfermidades têm como origem as exigências excessivas, a dureza no trato consigo mesmo, ou seja, dizem respeito àquelas atitudes que movem tanto os homens quanto as mulheres a pensar e a agir com excesso de severidade para consigo mesmos, a viver sempre de altos ideais, sem aceitar a mediania da vida.[2]

Essas enfermidades são causadas, por um lado, porque muitas pessoas cresceram submetidas permanentemente a exigências excessivas e, durante a infância, viram-se expostas a condições de desenvolvimento impróprias para sua idade. As feridas sofridas, as experiências traumáticas e as ofensas, que foram cicatrizando através dos anos, ganham vida novamente, segundo observa Ruthard Ott.[3] Por outro lado, é a perda do sentimento da própria personalidade, do sentimento de si mesmo, isto é, a carência de

---

[1] Cf. GRÜN, A. & DUFNER, M. *La salud como tarea espiritual. Actitudes para encontrar un nuevo gusto por la vida*. Madrid, Narcea, 2000. p. 46.

[2] Cf. GRÜN, A. *Portarse bien con uno mismo*. 4. ed. Salamanca, Sígueme, 2000. pp. 9-11.

[3] Cf. OTT, R. ¿La actividad profesional cotidiana hace que se enferme en la labor pastoral o en la vida del convento? In: GRÜN, A. & MÜLLER, W. (Dir.). *Qué enferma y qué sana a los hombres*. Estella, Verbo Divino, 2000. p. 48.

relações inter-humanas profundas, ternas e cheias de confiança, requeridas para uma vida e um desenvolvimento sadios, conforme observa Wunibald Müller.[4]

Dessa maneira, Grün acredita que a dureza consigo mesmo não é, atualmente, um fenômeno exclusivo dos círculos religiosos. Os fundamentalistas crescem também no âmbito político, e configuram cada vez mais o rosto de nosso mundo. Os fundamentalistas muçulmanos têm o mundo nas mãos: basta ver a realidade atual. Rigoristas existem em todos os movimentos sociais: há ecologistas rigoristas, vegetarianos rigoristas, antiabortistas rigoristas, rigoristas antiglobalização e xenófobos rigoristas. Pode até ser que sejam justos os objetivos que perseguem, mas, de saída, não o são nem seus métodos nem seus sistemas para consegui-los. Sobram-lhes obsessão e dureza. É como se o futuro do mundo dependesse do fato de se observar uma ou outra dieta, de que se siga a este ou àquele guru, de que se utilize um ou outro método de ginástica. Na Igreja, encontram-se não somente os grupos que se apropriam da ortodoxia e gostariam de excomungar os demais como hereges. Existem também muitos grupos que buscam o espiritual, que convivem em paz com os demais e não julgam ninguém, mas são muito duros consigo mesmos, praticam uma ascese que causa violência ao ser humano.[5]

Nosso autor convida-nos a dar uma olhada na história da Igreja. Veremos que os grandes pregadores da moral jamais viveram, eles próprios, o que exigiam de todo mundo. Seus sermões morais eram, evidentemente, a tentativa de escapar da própria impotência, advogando veementemente a observância dos mandamentos divinos. Sentiam angústia e medo diante das próprias sombras, perante a imoralidade do próprio coração, e se evadiam da própria angústia atacando a outros e acusando-os de imorais. Uma vez

---

[4] Cf. MÜLLER, W. Qué nos pone enfermos y qué nos da salud. El cuerpo. La psique. El alma. In: GRÜN, A. & MÜLLER, W. (Dir.). *Qué enferma y qué sana a los hombres...*, cit., pp. 23-28.

[5] Cf. GRÜN, A. *Portarse bien con uno mismo*, cit., p. 13.

que temiam o diabo em seu próprio coração, tinham de satanizar outras pessoas. Contudo, em sua impotência, exerceram um poder brutal sobre aqueles aos quais pregavam sua moral desumana. Em sua angústia, diante das próprias sombras, fizeram com que outros sentissem angústias diante da culpa e do pecado.[6]

Causas da dureza contra si mesmo

Grün, que desenvolve tais idéias em seu livro *Portarse bien con uno mismo* [*Cuidar bem de si mesmo*], pensa que

> a violência contra si mesmo quase sempre funda suas raízes na história da própria vida. Há pessoas que foram feridas quando crianças. Se não percebem suas feridas, se não as assimilam nem se reconciliam com elas, estão condenadas a ferir-se permanentemente e aos demais. A dor que a criança sentiu ao ser ferida foi tão grande que precisa ser reprimida para poder viver. No entanto, a repressão da dor faz com que, para poder sobreviver, tenha de eliminar pouco a pouco todo sentimento.[7]

Tal criança, acredita Grün, fez inconscientemente este juramento: "As dores que tive de conservar e suportar foram tão grandes que minha cota de dor já está mais do que completa para sempre. Nem uma só dor a mais em minha vida!".[8] Uma criança assim recusa-se a confiar em alguém. Crê que tem de resolver seus problemas sozinha. E ainda que intua que não o conseguirá sozinha, permanece fiel a seu juramento.

Uma criança é ferida sobretudo quando nem sua peculiaridade nem sua exclusividade são levadas a sério. Quando não se tomam em consideração seus sentimentos ou quando são levados

---

[6] Cf. Grün, A. *Cómo estar en armonía consigo mismo. Caminos espirituales hacia el espacio interior*. 5. ed. Estella, Verbo Divino, 2001. pp. 129-131.
[7] Cf. Grün, A. *Portarse bien con uno mismo*, cit., p. 14.
[8] Grün, A. & Reepen, M. *Heilendes Kirchenjahr*. Münsterschwarzach, 1985. p. 56. Citado por Grün, A. *Portarse bien con uno mismo*, cit., p. 14.

na brincadeira. Essa é a conclusão a que chegou John Bradshaw, que a chama de uma ferida espiritual.

Para Grün, John Bradshaw expôs o importante, que é a percepção da própria singularidade para a formação de uma boa apreciação do próprio valor. Uma criança desenvolve um forte senso do próprio valor quando é levada a sério por seus pais, em sua singularidade única, quando se respeitam seus sentimentos, quando lhe permitem ser, perante eles, tal como ela é. Quando isso não acontece, a criança reage com desconfiança, sente-se ferida em seu interior e necessariamente se fecha. Na singularidade da criança reside sua semelhança com Deus, que se revelou a si mesmo como o EU SOU. Quando não se valoriza uma criança em seus sentimentos singularíssimos e em seus dons especiais, ela se sente ferida espiritualmente. Essa ferida espiritual é o motivo pelo qual "nos convertemos em adultos crianças, com falta de independência e envergonhados. A história da decadência de cada homem e de cada mulher fala de uma criança maravilhosa, valiosa, singularíssima e com muitas qualidades, que perdeu o sentimento do 'Eu sou o que sou'".[9] Nesse mesmo sentido se pronuncia C. R. Rogers quando fala da consideração incondicional.

Toda criança ferida em seu interior reage violentamente para fora ou para dentro. Bradshaw acredita que a criança ferida "é, em grande parte, responsável pela violência e pela crueldade no mundo".[10] Reafirma sua opinião com um exemplo: fala de Dawson, cujo pai era rude, e o maltratou corporalmente.

> Quando se transformava na criancinha de antigamente, que tremia de medo quando seu pai se enfurecia, já não se sentia seguro de si. Identificava-se com o *eu* de seu pai. Transformava-se em seu pai. Quando uma situação lhe lembrava as cenas brutais de sua

---

[9] BRADSHAW, J. *Das Kind in uns*. München, 1992. p. 66. Citado por GRÜN, A. *Cómo estar en armonía consigo mismo*, cit., pp. 24-25.

[10] Id., ibid. p. 29. Citado por GRÜN, A. *Portarse bien con uno mismo*, cit., p. 15.

infância, despertavam-se nele os antigos sentimentos de impotência e de angústia. Dawson convertia-se, então, em seu pai violento, e maltratava aos demais, tal como seu pai o maltratava.[11]

"As feridas que não são assimiladas forçam-nos a passá-las adiante, a ferir-nos a nós mesmos e aos demais", conclui Grün.[12]

Na mesma linha, diz Grün que uma forma de ferir-se a si mesmo é autocastigar-se, baseando-se na afirmação de John Bradshaw: "Nós nos castigamos da mesma forma como fomos castigados quando crianças".[13] Isso quer dizer que dirigimos contra nós mesmos as agressões do passado que não assimilamos. Às vezes, o autocastigo adota a forma de depressões ou de sintomas psicossomáticos, como úlceras de estômago ou intestinais, dores de cabeça, dores lombares. Uma forma de autocastigar-se é acusar-se e lançar sobre si a culpa de tudo.[14] A pessoa humilha-se, considera-se a pior entre todas e tira todo o valor daquilo que faz, sente e pensa.

Para Grün, outro motivo da dureza consigo mesmo pode dever-se a uma educação unilateral que ressalta, acima de tudo, virtudes masculinas, como a dureza e a luta, e desvaloriza os sentimentos. Quando a criança se dá conta de que sua vivência e seus sentimentos carecem de importância, de que não se pode chorar, de que é preciso apertar os dentes para continuar a viver, então fará o possível para dominar, dia após dia, seus sentimentos e acostumar-se com essa dura situação. Seguindo Sigmund Freud, alguns psicólogos disseram que a agressão é algo inato ao indivíduo. Hoje, no entanto, a maioria dos psicólogos acredita que a

---

[11] Id., ibid. p. 30. Citado por Grün, A. *Portarse bien con uno mismo*, cit., p. 16.

[12] Grün, A. *Portarse bien con uno mismo*, cit., p. 16.

[13] Bradshaw, J. *Das Kind in uns*, cit., p. 35. Citado por Grün, A. *Cómo estar en armonía consigo mismo*, cit., p. 16.

[14] Neste sentido, A. Grün escreveu um livro que trata da autolesão causada por nossas crenças falsas e pelos falsos modelos de conduta. Cf. Grün, A. *No te hagas daño a ti mismo*. Salamanca, Sígueme, 2001.

tendência à violência está presente no ser humano.[15] Essa tendência, porém, pode ser dominada ou fomentada pela sociedade. "O comportamento violento do ser humano, definitivamente, depende quase exclusivamente de que tenha sido ou não educado para uma conduta violenta."[16] Experiências feitas por alguns psicólogos demonstraram que se ensinou aos homens, desde pequenos, a serem ou a fazerem-se tão violentos quanto demanda a sociedade.[17] A agressão para fora corresponde sempre à dureza da pessoa consigo mesma — é uma tese constante que nosso autor defende.

Grün pensa que as crianças se tornam agressivas não somente quando são educadas com dureza, mas também quando a educação que lhes é dada não possui objetivos claros, quando, em benefício da tranqüilidade, os pais acabam sempre cedendo. Daí, as crianças percebem que não são realmente levadas a sério. Bailey chegou à conclusão de que tanto os castigos corporais como o contrário — a lassidão excessiva — têm muito a ver com a agressividade infantil. A lassitude exagerada é compreendida claramente pela criança no sentido de que seus pais aprovam sua conduta agressiva. Pelo contrário, são poucas as crianças agressivas procedentes de lares com normas claras de comportamento, que lhes foram inculcadas desde pequenos pelo amor sem castigos.[18]

Em conseqüência, afirma Grün, a criança que recebeu pouco afeto, com muita freqüência, responde com angústia. É a angústia perante a rejeição e a solidão, a angústia diante do fracasso e da

---

[15] Em outro de seus livros, Grün diz que "aquele que não está em contato com suas próprias necessidades, projetá-las-á sobre os outros. O que permanecer inconsciente em sua atividade, projetá-lo-á destrutivamente sobre as pessoas que o rodeiam". GRÜN, A. *Orientar personas, despertar vidas.* 2. ed. Estella, Verbo Divino, 2001. p. 59.

[16] BAILEY, R. H. *Gewalt und Aggression,* Hamburg, 1980. p. 44. Citado por: GRÜN, A. *Portarse bien con uno mismo.* Salamanca, Sígueme, 2000. p. 17.

[17] Cf. id., ibid. p. 44. Citado por: GRÜN, A. *Portarse bien con uno mismo,* cit., pp. 17-18.

[18] Cf. id., ibid. p. 55. Citado por: GRÜN, A. *Portarse bien con uno mismo,* cit., p. 18.

culpa, a angústia ante a vida. A criança procura livrar-se da angústia tornando-se extremamente rigorosa. Quando não encontra apoio em si mesma, trata de assentar-se firmemente onde haja exigências claras e rigorosas, às quais possa agarrar-se com força. A violência contra si mesma nada mais é, pois, do que a tentativa de superar a profunda angústia que sente interiormente e que é devida à falta de segurança. Todavia, essa tentativa de eliminar a angústia está fadada ao malogro. Com efeito, não há ritos nem normas, por mais firmes que sejam, nem dureza nem rigor, que possam acabar de uma vez com a angústia.

Nesse sentido, diz Grün que a desconfiança, juntamente com a angústia, é outra das causas do excesso de rigor. A criança não confia nem em si nem nos demais. E, como não pode entabular nenhuma relação clara e sólida com seus pais, desconfia de todo mundo, e qualquer relação é para ela insegurança e risco. Crê que a única forma de superar a desconfiança para consigo mesma é submeter-se a normas bem precisas. Essas normas dão-lhe a certeza de que, de alguma maneira, pode viver decentemente, ainda que as agressões e as emoções formem, em seu interior, uma bomba que pode explodir a qualquer momento. As normas são um seguro contra essa bomba; contudo, o que elas não podem dar é uma vida autêntica, porque a maior parte da energia deve ser gasta em suportar a bomba e em impedir que ela estoure.

Grün observa que outra causa da dureza para consigo mesmo reside num falso idealismo. Isso quer dizer que só me sinto bem quando persigo determinados ideais. Meu sentimento de autoestima depende de que seja fiel a meu ideal. Identifico-me tanto com esse ideal que me impus que reprimo tudo o que não está ligado a ele. Todavia, quanto mais me reprimo tanto mais angustiado me sinto diante do vulcão que existe dentro de mim e cuja erupção pode acontecer a qualquer momento. Dessa maneira, as pessoas, a fim de impedir a explosão do vulcão, reforçam as ordens e os ritos, colocam o ideal cada vez mais acima, tornam-se sempre mais exigentes e duras consigo mesmas. Obrigam-se a ser fiéis ao ideal e iniciam, assim, uma espécie de esporte de alta competição. O nível estará cada vez mais alto e o esforço para saltá-lo precisa ser sempre maior. E acabam por forçar a si mesmas, por exigir-se demasiado. Crêem que o que Deus quer é que alcancem este ou aquele ideal, ou seja, que sejamos sempre donos de nós mesmos, sempre dedicados aos outros, dando sem cessar, egoístas jamais. Contudo não é vontade de Deus aquilo que perseguem, mas seu próprio ideal, o que os enche de orgulho.

Grün sublinha que a repressão das próprias necessidades e instintos leva as pessoas a serem agressivas consigo mesmas e a serem duras com os outros. Sobretudo, quando se trata da repressão sexual. Para o psicólogo suíço Furrer, a repressão da sexualidade leva a adotar atitudes brutais em relação aos demais.

> Uma mentalidade anti-sexual encerra, ademais, o perigo de aumentar a agressividade. Na realidade, uma atitude que reprime rigorosamente a sexualidade já é agressividade em si mesma. E uma forte agressividade não se soluciona facilmente. Ao contrário, quando reprimida, entrincheira-se numa atitude da consciência.[19]

Quando se reprime a sexualidade, impede-se que a criança comece a humanizá-la.

Muitas vezes, encontramos pessoas que não aceitam sua corporalidade, que querem viver sua vida cristã como anjos. Grün pensa que "a brutalidade com que muita gente piedosa trata a si mesma e a suas necessidades outra coisa não é senão expressão de uma sexualidade reprimida. Muitos tiranizam-se precisamente quando querem desprender-se de todas as pulsões sexuais".[20]

Portanto, a pior seqüela das paixões reprimidas é a crueldade que se esconde na consciência. Quando se impede que a criança seja agressiva mediante a violência, essa agressão inibida passa

---

[19] FURRER, W. L. Schuld und Sünde als menschliche Erfahrung. In: ZAUNER, H. & ERHARTER, H. (Ed.). *Freiheit – Schuld – Vergebung*. Wien, 1972. p. 30. Citado por: GRÜN, A. *Portarse bien con uno mismo*, cit., p. 20.

[20] GRÜN, A. *Portarse bien con uno mismo*, cit., p. 20.

para o superego,[21] para uma consciência rigorosa. Diz Furrer que a crueldade que se esconde por trás de uma consciência muito severa é uma das formas mais perigosas de agressão. Talvez não se possa enfrentá-la, sobretudo se é inconsciente. Seu bom propósito legitima-a e justifica seus métodos cruéis. Converte-se, assim, num baluarte no qual se aninham seus desejos de poder não realizados e no qual exercem um senhorio que pode ser mortal.

Furrer vê em nosso superego uma agressividade primigênia. O superego, com sua violência e sua severidade implacável, parece estar mais a serviço do prazer, de um inconsciente afã de domínio, do que a serviço de uma boa causa. A razão de dito comportamento radica na educação. Quando os pais são muito rigorosos consigo mesmos e com seus filhos, também o superego da criança se enche de agressões e de sentimentos de poder. A introjeção de alguns pais super-rigorosos e autoritários gera um superego primitivo agressivo. Na maioria das vezes, muitos pais tratam de evitar com castigos a agressividade das crianças, mas isso apenas surte efeito num primeiro momento. O trágico é que a agressividade inibida se transfere para o superego e se dirige contra a própria pessoa.

Furrer considera que a única saída dessa agressividade está em ser pacientes com nós mesmos e com as pessoas que nos rodeiam. Aquele que quiser ser paciente e tolerante precisa admitir que o insignificante, o defeituoso, e até o mau, está aí presente, em certa medida, e continuará a existir depois. Quem não puder aceitá-los, será irremediavelmente intolerante. Quem não tolera as faltas, terá de ser, à força, rigoroso.[22] Temos de aprender a viver desde o indeterminado e a crescer integrados a partir deste espaço de nossa existência, a partir da fragilidade da condição humana.

---

[21] "Existe algo em nós que tende a repreender nossos atos, como uma severa censura que se estabelece no interior de nossa personalidade, constituindo-se como que uma nova província da personalidade". LÓPEZ IBOR, J. J. *La agonía del psicoanálisis*. 6. ed. Madrid, Espasa-Calpe, 1981. p. 84.

[22] Cf. FURRER, W. L. Art. cit., pp. 19-24. Citado por: GRÜN, A. *Portarse bien con uno mismo*, cit., p. 21.

Formas de falta de amor a si mesmo

Anselm Grün procura buscar, através da mitologia grega, símbolos da violência contra a própria pessoa. Para isso recorre às histórias dos heróis gregos: Sísifo, Procusto, Tântalo, Prometeu, Niobe.[23]

O herói grego, cuja vida costuma acabar num tremendo castigo, é paradigma da autodestruição do ser humano. O castigo mostra como um falso enfoque da vida pode destruir o indivíduo, e também como pode pô-lo a perder com falsas metas. Nele, diz Grün, podemos identificar os traços rigoristas característicos que impossibilitam uma vida madura. O que os antigos gregos disseram, já em seu tempo, podemos constatar hoje em nossa sociedade. De fato, nela há muitos "heróis" que, com seu rigor e sua dureza, são capazes de destruir a si mesmos e de destruir os demais.

Aí está Sísifo. É obrigado a empurrar uma pesada pedra até o cume. Contudo, quando está quase chegando lá no alto, o peso se faz tão grande que Sísifo já não pode com a pedra, e esta se precipita violentamente para baixo. E eis, outra vez, Sísifo tentando levar a pedra para cima, a fim de afastar de si o fado da mortalidade. Destarte, uma e outra vez, sempre a mesma desgraça. Sísifo está cada vez mais nervoso e obstinado, mas também mais desanimado.

Schellenbaum vê Sísifo encarnado nas pessoas que se sentem muito seguras de si mesmas:

> Que dão a impressão de ser, ao mesmo tempo, heróis esforçados e resignados, que nunca perderam o controle sobre si mesmos e que, apesar disso, toca-lhes, sempre de novo, viver mais situações que claramente roubam-lhes o controle: fases de pobreza radical de estímulos, ruptura de relações, fracassos profissionais, ou seja, acontecimentos que fazem com que o que se havia construído pouco

---

[23] Cf. GRÜN, A. *Portarse bien con uno mismo*, cit., pp. 22-34.

a pouco desmorone de repente e se precipite para o chão. [Estas pessoas] mais do que ninguém, fazem de tudo para pegar as rédeas de sua vida e tê-la sob controle. Mais radicais do que os outros, de repente lhes escapa completamente o controle e desabam.[24]

Grün afirma que a dureza que a figura de Sísifo espelha é o controle sobre si mesmo. No entanto, o que leva, de fato, é a uma vida absolutamente descontrolada. O não controle da vida a impede. Quem quiser controlar todos os seus sentimentos e suas ações despenderá muita energia consigo mesmo. Por isso não lhe restam forças suficientes para rolar a pedra até o cimo. E, claro, detém-se quando já está chegando à meta. Desmorona completamente. Todo esforço é inútil. Hoje, diz Grün, podemos observar esse mecanismo em muitas pessoas. Umas tomam psicofármacos para fingir segurança. Outras buscam manter-se em forma mediante exercício físico demasiado. Contudo, chega sempre o momento em que a fachada despenca e todo o sistema de controle cai por terra.[25]

Aí está Procusto, o "estirador" de membros, como o chama a lenda grega do ladrão de Damasco. É um monstro gigantesco e salteador de caminhos, que aprisiona os viajantes, e a seguir, estende-os sobre seu leito. Quando o prisioneiro é demasiado pequeno, estira-lhe os membros até que ele fique do tamanho do leito. E, quando é demasiado grande, encurta-os, a fim de conseguir o mesmo. Em qualquer dos casos, o desprevenido caminhante haverá de morrer nas mãos de Procusto.

Com a expressão "leito de Procusto" denomina-se todo esquema preestabelecido no qual alguém é inserido sob pressão, observa Grün. Para Rudin, Procusto é o paradigma do perfeccionista, que "abrevia radicalmente, silencia, dobra e violenta tudo

---

[24] Schellenbaum, P. *Abschied von der Selbstzerstörung. Befreiung des Lebensenergie.* Stuttgart, 1989. p. 56. Citado por: Grün, A. *Portarse bien con uno mismo*, cit., p. 23.

[25] Cf. Grün, A. *Portarse bien con uno mismo*, cit., p. 23.

o que não se ajusta ao leito de Procusto, a seu rígido campo de compreensão".[26]

Diz Grün que, com freqüência, é à nossa imagem ideal que nos acomodamos violentamente. Estiramos tudo o que nos falta para ajustar-nos às dimensões de nossa imagem ideal, de nosso leito de Procusto. Cortamos, de um golpe, tudo o que se opõe a ela ou a supera. Quem segue o esquema de Procusto destroça a si mesmo. Não pode perdoar o fato de Deus o ter feito como é. Seu ideal é mais importante do que a vontade de Deus. Sua preocupação não é desenvolver a imagem que Deus lhe deu. Antes, ele tem sua própria imagem. Recebeu-a de seus pais, ou de seus professores, ou é fruto de sua ambição, de seus sonhos de uma vida heróica. Para isso coloca todo o seu empenho em conformar-se a essa imagem, ora estirando-se, ora encolhendo-se. Claro está que, com essa atitude, muitas possibilidades são cortadas pela raiz, e muitas pessoas ver-se-ão tão pressionadas que morrerão de superestiramento.[27]

Tântalo é outro herói grego. É filho de Zeus, pai dos deuses, que o cumula de riquezas e convida-o ao banquete dos deuses. Então, Tântalo bebe o néctar doce como mel e come ambrosia, a comida divina que confere a imortalidade. Tântalo torna-se orgulhoso e se gaba dos segredos que os deuses lhe confiaram. Em sua petulância, quer saborear a onisciência dos deuses, mata seu filho Pélope e o apresenta aos deuses como comida. Somente Deméter come um pouco dos ombros, triste porque Hades havia raptado sua filha Perséfone; os demais deuses reconhecem o filho assassinado e o recompõem, fazendo-o mais belo do que antes. Como castigo, Tântalo é enviado ao inferno. Ali tem de agüentar três tipos de sofrimento. Em meio a um intenso calor, encontra-se um reservatório de água cristalina. No entanto, quando se inclina para beber, a água se afasta. Padece uma fome terrível. Acima de sua cabeça existem galhos carregados de peras, maçãs e figos

---

[26] RUDIN, J. *Psychotherapie und Religion*. Olten, 1964. p. 229. Citado por: GRÜN, A. *Portarse bien con uno mismo*, cit., p. 24.

[27] Cf. GRÜN, A. *Portarse bien con uno mismo*, cit., p. 24.

muito apetitosos. Quando, porém, procura pegar alguma dessas frutas, vem um vento tempestuoso e as afasta até as nuvens. Sobre ele paira uma enorme pedra que continuamente ameaça despencar e destroçá-lo.

Para Grün, Tântalo é o paradigma de todos as pessoas que acreditam que tudo lhes é permitido. Essa supervalorização de si as leva a ser cruéis consigo mesmas. Não estão conscientes de seus limites. Provocam a Deus, colocando-se acima de todas as leis. Assim, pois, essa sobrevalorização de si mesmas causa-lhes os terríveis sofrimentos de Tântalo, os quais jamais poderão acalmar-se. Grün observa que existem pessoas que, em meio à abundância, morrem de fome e de sede porque são incapazes de viver o instante e de saborear o que lhes é oferecido. São alienadas da vida. Nesse mito, os que ultrapassam a própria medida comportam-se mal consigo mesmos.[28]

Tântalo é também um paradigma do homem ambicioso. Ao menos para Schellenbaum. O fato de dar seu filho como comida aos deuses é uma boa prova de seu descomedimento.

> Seu excesso leva-o a destruir sua própria carne e seu próprio sangue, terrível sinal de autodestruição, por isso é condenado ao inferno. O ambicioso abusa de seu corpo até acabar com ele e por essa razão castiga-o, incapacitando-o para desfrutar. Quer apoderar-se do prazer, mas sua satisfação é nula. Nisso consistem as dores tantálicas dos homens ambiciosos.[29]

Grün conclui dizendo que os ambiciosos nunca estão contentes. Sempre crêem que as pessoas calcularam por baixo com eles, mesmo que tenham consumido o melhor e o mais caro. É-lhes impossível viver e desfrutar o instante, por isso mostram-se sempre insaciados. Enquanto desfrutam, já estão pensando em outro desfrute maior e, claro, causam dano a si mesmos, são cruéis consigo

---

[28] Cf. id., ibid. pp. 25-26.
[29] SCHELLENBAUM, P. Art. cit., p. 124. Citado por: GRÜN, A. *Portarse bien con uno mismo*, cit., p. 26.

mesmos e estão procurando para si os sofrimentos de Tântalo. Estão condenados a passar ao largo da vida, a perseguir cobiçosamente o desfrute e, no entanto, a não poder usufruí-lo.[30]

Prometeu é, sem dúvida, o titã mais conhecido. É neto do divino Urano. Formou os homens e se preocupou com eles. Quando os deuses estabeleceram suas relações com os mortais, Prometeu tentou os deuses com uma artimanha. Por isso Zeus o castigou e subtraiu ao homem o fogo, o último dom que lhe havia dado. Então Prometeu o roubou. Como castigo, enviou Pandora para viver entre os seres humanos. De sua caixa, ela tirou todo tipo de desgraças para eles. Hefesto (Vulcano) acorrentou Prometeu em uma rocha vertical do Cáucaso, e seu peito foi atravessado por uma agulha de diamante. "Zeus enviava todos os dias uma águia para comer o fígado do acorrentado. Mas o fígado tornava a crescer, de modo que seu sofrimento não tinha fim."[31] Hércules libertou-o trinta anos depois.

Para Grün, Prometeu é o paradigma das pessoas que acreditam poder roubar de Deus o que querem. Não são humildes, não têm respeito a Deus. Toda pessoa que se ensoberbece acaba aterrissando em sua própria prisão. Está acorrentada à pedra de sua mortalidade. E quem se rebela contra Deus será ferido pela vida; todos os dias virá a águia comer seu fígado. Rebelar-se contra Deus é rebelar-se contra a vida, é ferir a si mesmo, é acorrentar-se às rochas, onde a única coisa que se pode fazer é olhar, impotente, como a vida passa diante dos próprios olhos.

Prometeu é o paradigma do indivíduo que acredita tudo poder por si mesmo. Para ele, os deuses e também sua bênção sobram. Pessoas assim, como Prometeu, existem hoje mais do que antes. Aí está o homem ocidental, que se acredita capaz de fazer do mundo o que quer, porque tem poder sobre ele. Não tem por que respeitar a ordem que Deus conferiu a este mundo.

---

[30] Cf. GRÜN, A. *Portarse bien con uno mismo*, cit., p. 26.
[31] SCHWAB, G. *Sagen des Klassischen Altertums*. München, 1961. p. 15. Citado por: GRÜN, A. *Portarse bien con uno mismo*, cit., p. 27.

As pessoas iguais a Prometeu, continua o autor, acreditam que, em sua esfera pessoal, podem ser donas de sua vida, que podem fazer os planos que bem quiserem. Assim, pois, a vida continuaria o curso que traçaram de antemão. Existem algumas pessoas que vivem por conta própria, que não estão em contato com seu inconsciente, que tudo planejam com base no conhecimento e na vontade, que dão lugar apenas ao coração. Antigamente, o fígado era considerado a morada do sentimento. Contudo, se a águia come o fígado de Prometeu, fere-o precisamente onde radicam os sentimentos. O ser humano prometéico, carente por completo de sentimentos, está permanentemente condenado a confrontar-se com eles. Esses sentimentos, porém, estão feridos, torturados, devorados. A função do fígado é desintoxicar, tem a responsabilidade de distinguir o que podemos tolerar e o que nos pode intoxicar. Em Prometeu, o fígado comido é o paradigma do ser humano que já não sabe o que é bom e o que prejudica com seu descomedimento e suas fantasias excessivas, sublinha Grün.[32]

Para Grün, Niobe é outro paradigma de autodestruição e de falta de amor a si mesmo:

> Niobe estava orgulhosa do que havia recebido de presente dos deuses, sem mérito algum do seu lado. Estava orgulhosa de sua prudência e de sua beleza. Orgulhava-se também de seu pai, Tântalo, que era amigo dos deuses e participava de seus banquetes celestiais. E também de seu marido, a quem as musas tinham dado a harpa mágica, a cujo toque se haviam construído as muralhas do castelo real de Tebas. Contudo, aquilo que mais se orgulhava era de seus quatorze filhos. Seus sete robustos filhos e suas sete lindas filhas enchiam de alegria seu coração. Considerava-se a mais feliz de todas as mães e de todas as mulheres. Todavia esse orgulho trouxe-lhe a perdição.[33]

Quando as mulheres tebanas quiseram adorar à deusa Leto e a seus gêmeos Apolo e Artemisa, incitou-as a que adorassem a

---

[32] Cf. GRÜN, A. *Portarse bien con uno mismo*, cit., pp. 26-28.
[33] SCHWAB, G. Art. cit. p. 56. Citado por: GRÜN, A. *Portarse bien con uno mismo*, cit., p. 32.

ela e a seus quatorze filhos, porque o merecia muito mais do que Leto, que só tinha dois. Isso provocou a ira da deusa. Esta, pois, com a ajuda de seus gêmeos, aniquilou-a, juntamente com seus quatorze filhos e filhas.

    Sozinha e profundamente encurvada, a antes orgulhosa Niobe assentou-se em meio aos cadáveres de seus filhos. Seu sofrimento era enorme e estava como que petrificada. Converteu-se em uma pedra, mas suas lágrimas não cessavam. Brotavam sem cessar de seus olhos de pedra, os quais anteriormente haviam contemplado, orgulhosamente, a beleza e a felicidade de sua família. Um furacão levantou a pedra e a levou seqüestrada para a pátria de Niobe, aos montes de Lídia. Ainda hoje se pode vê-la ali, entre os penhascos, em rochas de mármore com rosto humano. De seus olhos fluem lágrimas sem fim. E ninguém pode consolá-la.[34]

    Grün considera que Niobe não está em si, não sente sua vida, apenas está orgulhosa do que recebeu, sem mérito de sua parte, a saber, de seu pai, de seu marido e de seus filhos. Constrói sua vida sobre outros. Define-se por seus filhos, por sua beleza, pelo que possui. Não se apóia em si mesma, não tem identidade alguma, está vazia e aborrecida. Sua identidade vem-lhe daquilo que possui. Grün propõe que aquele que não percorre o caminho até o mais fundo de sua alma a fim de se conhecer e para descobrir a imagem de Deus que existe nele fica excluído da vida. Não tem acesso a si mesmo, por isso tampouco pode ter acesso à vida e ao amor.[35]

    Para Grün, a autodestruição e a falta de amor a si mesmo podem ser vistos em outra postura de Niobe. Ela se compara com a deusa Leto e crê que o possuir tantos e tão bonitos filhos a faz digna de adoração, como deusa, muito mais do que Leto, que

---

[34] SCHWAB, G. Art. cit., p. 58. Citado por: GRÜN, A. *Portarse bien con uno mismo*, cit., p. 32.

[35] Cf. GRÜN, A. *Portarse bien con uno mismo*, cit., p. 32.

tem apenas dois gêmeos. Essa comparação dificulta-lhe bastante a vida.[36]

Grün faz notar que a necessidade de comparar-se está presente em nossa linguagem coloquial. Nela tudo tem de ser "super".[37] Schellenbaum diz que "a necessidade de comparar-se faz com que seja impossível uma relação fluida com os demais, e leva ao isolamento. É como se o sentido da vida proviesse de fora".[38] Nosso autor comenta: aquele que se compara aos outros sempre coxeia de alguma perna, porque sempre existe algo que os outros têm e ele não. Para poder manter o modelo na comparação, tenho de fixar-me em meus próprios valores e fechar os olhos ante a riqueza dos outros. Portanto, a necessidade de comparar-se leva freqüentemente a utilizar uma linguagem realmente exagerada.[39] Por isso Schellenbaum volta a dizer que se "em nossa vida tudo tiver de ser 'super', onde está, pois, o pequeno, o insignificante, o que não chama a atenção? E, acima de tudo, quantos rivais teremos de derrotar a fim de continuarmos sendo 'super'?".[40]

A necessidade de viver comparando-se conduz à destruição de si mesmo. Quem vive a comparar-se com os demais tem os olhos cegos, não pode ver nada porque só olha para si mesmo.

Esses são alguns exemplos de heróis gregos. Para Grün, os filósofos gregos tinham razão quando interpretavam alegoricamente as histórias dos deuses e dos heróis, quando viam nelas um profundo significado. As lendas gregas mostram os êxitos e os fracassos da vida humana através dos heróis a que nos referimos, os quais foram todos castigados por suas atitudes perante a vida. As lendas mostram-nos algumas formas de autodestruição, de situações vitais que fazem com que as pessoas adoeçam, o que podemos também

---

[36] Cf. id., ibid. p. 33.
[37] Cf. id., ibid.
[38] Cf. id., ibid.
[39] Cf. id., ibid.
[40] SCHELLENBAUM, P. Art. cit., p. 113. Citado por: GRÜN, A. *Portarse bien con uno mismo*, cit., p. 33.

perceber agora, amiúde, em nosso mundo, em muitos homens e mulheres de nosso tempo. Um aspecto importante que Grün especifica em relação às lendas gregas é que "nos dizem como termina o ser humano que se constrói apenas com suas forças, que quer dominar e ter tudo sob controle, que não deixa de comparar-se com os demais e só se define a partir de fora".[41]

Rigorismo na vida espiritual

Grün pensa que uma ascese mal-entendida pode tornar alguém agressivo para consigo mesmo. Afirma que nossa tradição ocidental entendeu o conceito grego de ascese, de exercício, de treinamento para conseguir algumas destrezas, para progredir interiormente, de maneira negativa, a saber, como mortificação. A palavra "mortificação" já expressa agressividade. Com efeito, existe algo em nós que precisa ser mortificado, eliminado, violentamente suprimido. O que se pretende com a ascese é dominar a si mesmo, ser dono de todos os pensamentos, sentimentos e paixões. Muitos entenderam sua ascese como se se tratasse de uma alta competição. A cada vez, colocavam uma meta mais alta, a fim de serem cada vez mais donos de si mesmos. Desgraçadamente, a ascese é, para muitos cristãos, uma espécie de tirania sobre as próprias necessidades e desejos.

Para Grün, muitos homens e mulheres de nosso tempo vivem sua vida cristã com a postura ascética de séculos passados e a vivem dolorosamente. Grün, em seu labor pastoral, escuta frases como: "Não há nada a fazer"; "Educaram-me assim"; "Tudo é muito difícil"; "Não posso mudar da noite para o dia"; "Não tenho outra opção senão aceitar-me como sou". Dessas expressões, deduz que há muita falta de esperança e de ausência de auto-estima, de agressividade perante si mesmo, ao passo que uma ascese autêntica adota uma atitude positiva diante de si mesmo.[42]

---

[41] GRÜN, A. *Portarse bien con uno mismo*, cit., p. 34.
[42] Cf. id., ibid. pp. 37-38.

A compreensão equivocada da ascese grega como mortificação causou muita infelicidade no Ocidente. A ascese mortificante prejudicou freqüentemente o ser humano, porque lhe deu muitos conselhos sem levar em conta sua estrutura espiritual. "À luz dos conhecimentos atuais de psicologia profunda, muitos conselhos ascéticos são não apenas inoperantes, mas também põem em perigo a saúde espiritual."[43] Aqui, vemos a outra causa pela qual as pessoas adoecem, quando apenas se combatem os sintomas e não se identificam as causas na psique do indivíduo. Essa ascese funciona como um perigoso aparato repressivo, com todas as suas funestas conseqüências. Certamente, a ascese pode ser combativa, mas precisa levar em conta a natureza do homem, e esta possui diversos estratos. Aquele que se mortifica sem ter em consideração a natureza humana faz entrar em cena a "lei do 'contrapeso' dos instintos. Quando se reprimem os instintos sexuais, em vez de educá-los, talvez comece a aflorar um impaciente e até agressivo afã de prestígio que, às vezes, camufla-se sob motivos religiosos".[44]

Hoje, também as pessoas se interessam pela ascese. Contudo não podem lutar contra o ser humano, mas devem estar a seu favor.[45] Precisam também assimilar os conhecimentos psicológicos que são patrimônio de todos. Do contrário, prejudicam-se e são levadas à paralisia na vida religiosa, à esterilidade religiosa e à paralisia psíquica.[46] Aquilo de que Grün nos previne é não confundir ascese com mortificação. Em contrapartida, a ascese bem entendida deveria significar algo positivo, o exercício para

---

[43] RUDIN, J. Art. cit., p. 186. Citado por: GRÜN, A. *Portarse bien con uno mismo*, cit., p. 38.

[44] Id., ibid. p. 197. Citado por: GRÜN, A. *Portarse bien con uno mismo*, cit., p. 39.

[45] Aqui, é bom levar em consideração o axioma teológico que diz que "a graça pressupõe a natureza".

[46] Cf. RUDIN, J. Art. cit., p. 187. Citado por: GRÜN, A. *Portarse bien con uno mismo*, cit., p. 39.

conseguir uma habilidade, um comportamento, um fim concreto, que seria encarregar-nos de nossa vida.

Conseqüentemente, a perversão da ascese no cristianismo deu-se principalmente por culpa dos perfeccionistas, que entenderam mal as palavras de Jesus: "Sede perfeitos como vosso Pai celestial é perfeito".[47] Quando Jesus afirma que devemos ser perfeitos, quer dizer ser plenos, não indefectíveis. O perfeccionista quer se parecer com Deus a cada dia. Gostaria de identificar-se com ele, mas a identificação com Deus, como máximo paradigma, pode introduzir o ser humano em "uma espécie de espiral de exigências cada vez mais altas consigo mesmo, de opressões dolorosas e de sentimentos depressivos de inferioridade".[48]

O perfeccionista construiu para si um sistema de pressão que se manifesta em exigências de renúncias bem concretas e num grande número de orações e ritos. Grün assim os descreve:

> Impõem-se a observância de uma série de orações e de obras tão rígida quanto pedante, cujo cumprimento é o objetivo de sua vida. Esse ritual subjuga o ser humano, não o liberta, mas, a cada dia, infunde-lhe mais terror. Pouco a pouco, aumenta o número de ritos ou ao menos exige um cumprimento cada vez mais intenso.[49]

Grün observa que, se o sistema coercitivo consta de exigências cada vez mais elevadas, com freqüência termina em um diletantismo ascético. Quando não se leva em conta a estrutura da alma humana, finda-se por forçar algo. Quando se desconhece a vida instintiva e as necessidades do corpo, só se pensa na mortificação. A conseqüência é que os instintos reprimidos

---

[47] Mt 5,48.
[48] RUDIN, J. Art. cit., p. 174. Citado por: GRÜN, A. *Portarse bien con uno mismo*, cit., p. 39.
[49] Id., ibid. p. 225. Citado por: GRÜN, A. *Portarse bien con uno mismo*, cit., p. 40.

retornam e pedem constantemente a palavra como tentação ou como sintoma neurótico.[50]

Aparecem condutas compulsivas, por exemplo, no ato de se lavar, amiúde, em primeiro lugar, no impulso de castigar a si mesmo ou de castigar a outra pessoa contra a qual não se é capaz de vivenciar abertamente as próprias agressões. Em segundo lugar, o impulso de se lavar para ficar bem limpo da sexualidade, considerada suja. Algumas vezes, aparece uma compulsão a se lavar depois de uma violação. A pessoa, em vez de processá-la, refugia-se em um ritual compulsivo.

Entre os rituais compulsivos podemos notar:

- A compulsão ao controle — é preciso revisar constantemente as próprias notas fiscais e os extratos da conta bancária; verificar se a porta ficou bem fechada.
- A compulsão a viver de maquinações, com as quais se perde em astúcias, a fim de safar-se dos próprios impulsos instintivos, das agressões ou das fantasias sexuais.
- A mania da dúvida, com a qual pode atormentar os que estão ao seu redor.
- A compulsão a lavar-se, que leva alguém a lavar as mãos com exagerada freqüência, principalmente depois de ter tocado a trava de uma porta ou algum objeto que desencadeie qualquer angústia.
- A compulsão à repetição, pela qual o indivíduo precisa fazer constantemente a mesma coisa.[51]

Grün ressalta que "a conseqüência de tudo isso é um homem sem sangue, sem alma e sem espírito. O que resta é uma alma náufraga. A ascese converte-se em mortificação, em autodestruição".[52]

---

[50] Cf. GRÜN, A. *Portarse bien con uno mismo*, cit., p. 40.

[51] Cf. GRÜN, A. *El gozo de vivir. Rituales que sanan*. 3. ed. Estella, Verbo Divino, 2000. pp. 25-29.

[52] GRÜN, A. *Portarse bien con uno mismo*, cit., p. 40.

Outra forma de violência contra si mesmo é desvalorizar-se. Muitas vezes se crê que isso seja humildade. Ser humilde, porém, é ter a coragem de reconhecer a própria verdade, é atrever-se a descer ao mais fundo e sombrio de si mesmo e reconciliar-se com as zonas obscuras do próprio ser. No entanto, aqui, humildade é sinônimo de depreciação.

Grün observa como na vida encontramos pessoas que se consideram o pior que pode existir, os maiores pecadores. Todo pensamento é mau. Acham que não fizeram absolutamente nada. Não possuem nada para apresentar diante de Deus. Todos os pensamentos são satânicos e não servem para nada. Muitas vezes, diz Grün, percebemo-las em frases como: "Não interesso absolutamente a ninguém"; "Sou tão chato que ninguém me olha no rosto"; "Sou mais lento do que os demais"; "Ninguém precisa de alguém como eu"; "Sou um verdadeiro peso para todos"; "Sou incapaz de levar algo aos outros". Esses e outros pensamentos parecidos passam por muitas cabeças. Muitos não se dão conta de quanto são cruéis consigo mesmos com tais desprezos.

Nosso autor considera que a desvalorização de si mesmo nada mais é do que o reverso de sua própria supervalorização. Como não é o melhor, o indivíduo considera-se o pior. A questão é ser sempre superlativo. Se não se é o mais santo, pelo menos se é o mais perverso. O sujeito renega ser uma pessoa normal, com seus pontos fortes e seus pontos fracos, com seu lado positivo e seu lado negativo. Reconciliar-se consigo mesmo e com sua mediania seria o humanamente correto.

Às vezes esta desvalorização disfarça-se em auto-inculpação. Quando existem tensões na família, na empresa ou no grupo, alguém assume toda a culpa. Rejeita toda reflexão objetiva sobre como surgiu a tensão. Está-se incondicionalmente disposto a arcar com toda a culpa. Há homens e mulheres que carregam sobre si toda a culpa do que acontece ao seu redor. São culpados de tudo.[53]

---

[53] Cf. id., ibid. pp. 43-44.

De acordo com Grün, "as enfermidades podem encobrir tanto as agressões contra si mesmo como as agressões contra os demais [...]. Muitas enfermidades psicossomáticas são sintomas de agressões contra si mesmo. A agressão que se reprime se dirige ao próprio corpo".[54] Assim diz Jürgen von Scheidt: "Toda enfermidade é, de certo modo, autodestruição".[55]

Violência contra as pessoas e as coisas

Diariamente constatamos, na imprensa, atos de violência contra as pessoas e as coisas. A tendência a comportar-se violentamente contra as pessoas está ganhando proporções alarmantes.

Nosso autor pergunta-se pelas razões que levam à violência, sobretudo os jovens. Encontra a resposta no fato de que, na maioria das vezes, é a própria experiência de violência. Alguns jovens, diz, sofreram amiúde não uma violência física, mas sim uma terrível violência moral, que consiste em seus pais não terem tempo para eles. É-lhes impossível lidar com eles, não podem apreciar nem sua especificidade nem sua peculiaridade. Não levaram a sério suas necessidades nem seus sentimentos primigênios, e se entregaram a suas necessidades. Grün enfatiza que, quando não se dá atenção a uma criança, a primeira coisa que ela faz é destruir para que alguém olhe para ela. A violência é, muitas vezes, um grito em busca de resposta: "Que é que devo destruir a fim de que vocês olhem, finalmente, para mim?". Quando as crianças são feridas, quando são levadas na brincadeira, não lhes resta outra saída senão converter sua frustração em violência.

Para Grün, quem é violento com as pessoas ou com as coisas também é cruel consigo mesmo. Se golpeio alguém, destruo sempre algo de mim mesmo, faço em pedaços minha própria auto-esti-

---

[54] Cf. id., ibid.
[55] SCHEIDT, J. V. *Innenweltverschmutzung. Die verborgene Aggression: Symptome, Ursachen, Therapie.* München, 1975. p. 56. Citado por: GRÜN, A. *Portarse bien con uno mismo,* cit., p. 45.

ma. Se me comporto brutalmente com as coisas, serei igualmente grosseiro comigo mesmo. Os seres humanos que já não têm sentimentos perdem a relação consigo mesmos e com as coisas, afirma nosso autor.

Anselm Grün narra um caso que confirma o que disse:

> Certa vez, o velho carpinteiro de nosso convento veio até mim chorando, porque os alunos haviam destroçado violentamente a porta que havia feito com tanto esmero. Não compreendia como alguém pudesse comportar-se assim com a madeira. Para ele, a madeira era algo vivo, que falava do destino das árvores. Os alunos não tinham má intenção; comportavam-se assim brutalmente porque não tinham trato com a madeira, sobretudo com o homem que havia posto tanto interesse naquela porta.[56]

Grün propõe que deveríamos empreender caminhos para acabar com as agressões tanto internas quanto externas. Sua proposta resume-se em dois caminhos: por um lado, o caminho para impor limites à violência em nossa sociedade é a educação. Necessitamos reconhecer que cada criança é única e quer ser amada e aceita como tal. Que toda criança precisa da entrega incondicional de seus pais, a experiência da aceitação irrestrita de seu ser, e precisa experimentar que seus pais são capazes de suportar bem suas frustrações, que não as enfrentem castigando a criança, que é a parte mais débil, que não são uns eternos desenganados da vida. Por outro lado, o caminho é comportar-nos bem com nós mesmos, com os outros e com a criação, buscando nossa própria aceitação, vivendo em harmonia e, a partir daí, buscar caminhos de reconciliação.

Tendo como pano de fundo tal realidade — a postura agressiva consigo mesmo e com os demais —, conscientes de que tais atitudes diante da vida são a causa da doença em muitas pessoas, queremos oferecer uma proposta para iniciar caminhos de reconciliação.

---

[56] Grün, A. *Portarse bien con uno mismo*, cit., pp. 48-49.

Reações perante a falta

És como gota d'água suja, mas podes refletir a lua. Enquanto te crês gota d'água transparente, enganas-te. Contudo, se desanimas ou te desesperas por ver-te como gota d'água suja, não descobres que podes refletir a lua. A lua toda cabe inteiramente em uma gota d'água, tanto na limpa quanto na suja.

Tradição budista

2
Reações perante a falta

Antes de tratar das reações perante a falta, temos necessariamente de fazer referência a uma afirmação básica, avalizada pela experiência e pela revelação:[1] para o ser humano, sempre e em qualquer lugar, cabe a possibilidade de ser culpável, de escorregar no parquete da vida e de manchar a branca roupa, aparentemente deslumbrante.

O homem é, original e irredutivelmente, um ser ético e religioso: como ser ético, vivencia como culpa a ruptura de sua identidade mediante o mal uso da liberdade; como ser religioso, vivencia-a como pecado.[2]

Gostaríamos de revisar, aqui, como reage o indivíduo ao cometer uma falta ou quando se sente culpado. Muitos cristãos crêem na misericórdia de Deus, mas esta fé em nada influencia sua vida quando contravêm suas normas. Nesse momento é que afloram suas piores auto-inculpações. Grün trata esta questão em seu livro *Si aceptas perdonarte, perdonarás* [*Se aceitas perdoarte, perdoarás*].

---

[1] "Isto, que nos é conhecido pela revelação divina, concorda com a própria experiência. Pois o homem, olhando o seu coração, descobre-se também inclinado para o mal e mergulhado em múltiplos males que não podem provir do seu Criador, que é bom. Por isso o homem está dividido em si mesmo. Por essa razão, toda a vida humana, individual e coletiva, apresenta-se como uma luta dramática entre o bem e o mal, entre a luz e as trevas. Bem mais ainda. O homem encontra-se incapaz, por si mesmo, de debelar eficazmente os ataques do mal; e assim cada um se sente como que carregado de cadeias" (CONCÍLIO VATICANO II. *Gaudium et spes*, n. 13).

[2] Cf. TORRES QUEIRUGA, A. Contigencia, culpa y pecado. *Iglesia Viva* 124 (1986) 343.

Esta é a idéia-chave em sua exposição, que compartilho plenamente com o autor: ainda que saibamos que podemos falhar, julgamo-nos duramente quando voltamos a cometer uma falta, apesar de havermos firmado o propósito de não voltar a fazê-lo. Não temos piedade de nós mesmos quando somos culpáveis. Despedaçamo-nos com sentimentos de culpabilidade, consideramo-nos os maiores pecadores e, amiúde, castigamo-nos por isso.

Dessa maneira, diz Grün, é muito freqüente ouvir, atualmente, a queixa de que o homem moderno já não tem consciência nem de culpa nem de pecado, e que o abandono da prática da confissão e a falta de consciência de pecado se relacionam e se condicionam mutuamente. É certo que as pessoas já não compreendem o conceito tradicional de pecado, considerado como transgressão dos mandamentos. Os mandamentos não são entendidos, no presente, num sentido tão inequívoco quanto antigamente. Contudo, pela psicologia, sabemos que, por trás da impecável fachada de um cristianismo fiel à lei, pode ocultar-se muita agressividade e hipocrisia. Pode acontecer de as pessoas, hoje, não se sentirem culpadas nas áreas exploradas por alguns questionários usados para o exame de consciência prévio à confissão. No entanto, se lançarmos nada mais que um olhar ao campo da literatura moderna,[3] imediatamente nos daremos conta de que muitos autores dão voltas e mais voltas sempre em torno do tema da culpa, na qual nos achamos implicados. A literatura destapa impiedosamente as zonas de culpabilidade da pessoa, que, por sua vez, é culpável sempre que se nega a reconhecer e a aceitar a verdade objetiva e se satisfaz com

---

[3] Podemos encontrar tal constatação do fenômeno da culpa na literatura, na análise da culpa no mundo literário de Dostoievski. Cf. RUBIO, M. *La fuerza regeneradora del perdón*. Madrid, Ps Editorial, 1987. pp. 16-21. Outra contribuição é a análise que faz Lee David Zlotoff, autor do filme *The Spitfire Grill* [1996, dir. Lee David Zlotoff, com Alison Elliott e Ellen Burstyn], no qual nos narra as tentativas de uma mulher para libertar-se da culpa — de sua asfixia psicológica e social — que a oprime tanto a partir de seu mundo vivencial interior quanto do ambiente sociocultural que a rodeia. Cf. RUBIO, M. *El sentido cristiano del pecado*. Madrid, Paulinas, 2000. pp. 9-18.

seguir, indiferente e despersonalizada, o caminho por onde os demais vão. O indivíduo faz-se responsável sempre que, por desleixo, por preguiça mental ou por falta de vontade, nega ou não se atreve a mudar a parte de realidade que pode mudar.[4]

Sentimentos de culpa e culpabilidade

Nosso autor observa que no tratamento dos sentimentos de culpa existem "dois princípios certos que a psicologia atual estabelece: de um lado, a falta de consciência de alguém fazer-se culpado em uma ação determinada e, de outro, e em contraste, o excessivo sentimento de culpabilidade".[5]

Isso quer dizer que a vivência da culpa apresenta esta polarização:

- *Por excesso:* tudo é visto em chave de pecado; multiplica-se a freqüência de acusação da culpa. Aparecem, assim, patologias como a obsessão, a agressividade, a angústia, a escrupulosidade.
- *Por defeito*: a culpabilidade desaparece por completo do horizonte psicológico, ou fica atenuada sob os limites normais. Temos, então, casos patológicos como a exculpação, os mecanismos de defesa.[6]

Grün continua:

> Antes de tudo, é necessário determinar e delimitar os conceitos de culpa real e de sentimento de culpa. Muitos sentimentos de culpabilidade não são expressão de uma culpa real, mas sim falta de clareza e autoconfiança. Há quem se sinta culpado pelo simples fato de o superego os acusar. Interiorizaram tão profundamente os mandamentos divinos e os valores paternos que se lhes torna

---

[4] Cf. Grün, A. *Si aceptas perdonarte, perdonarás*. Madrid, Narcea, 2001. pp. 116-117.
[5] Id., ibid. p. 117.
[6] Cf. Rubio, M. *El sentido cristiano del pecado*, cit., p. 36.

impossível libertar-se deles sem que não se sintam, de alguma maneira, culpáveis de algo.[7]

Ele exemplifica o que disse anteriormente:

Uma jovem senhora, forçada a trabalhar sem descanso em sua infância, sente-se, agora, culpada por conceder-se a satisfação de uns dias de férias. Outros se sentem culpados quando não podem satisfazer as esperanças que seu consorte, ou um amigo, ou os companheiros de trabalho depositaram neles. Sentem-se também culpados dos sentimentos de ódio ou de inveja que lhes vêm à cabeça ou ao coração. Julgam-se e condenam a si mesmos como culpados quando percebem em seu íntimo movimentos de agressividade. Em vez de aceitar os movimentos agressivos para integrá-los dentro de seu conceito global de vida, o que fazem é orientá-los contra si mesmos.[8]

Segundo Grün, "é tarefa da psicologia e do bom diretor espiritual fazer a distinção e matizar entre os conceitos de culpa real e sentimentos de culpa".[9]

Para Grün, os complexos[10] de culpa são sempre assunto incômodo, e o ser humano inventou muitos mecanismos para eliminá-los de seu caminho. Um deles consiste em projetá-los nos outros — nos indivíduos, nos grupos — ou nas estruturas. A pessoa defende-se contra os complexos de culpabilidade porque destroem seu ideal de vida e excluem-na da comunidade. O reconhecimento da própria culpa roubar-lhe-ia o chão de debaixo dos pés, e ela veria

---

[7] GRÜN, A. *Si aceptas perdonarte, perdonarás*, cit., pp. 117-118.

[8] Id., ibid.

[9] Id., ibid. p. 118.

[10] Complexo é um "conceito introduzido por C. G. Jung na terminologia psicanalítica e ampliado mais tarde para outros campos. Usa-se para indicar a presença de idéias e de pensamentos que estão reprimidos e têm uma forte carga emocional. Por causa dessa forte carga emocional, os complexos que permanecem no inconsciente influenciam no comportamento da pessoa". LÓPEZ IBOR, J. Complejo. In: AA. VV. *Diccionario de psicología*. Madrid, 1979. v. I, p. 224. Citado por: RUBIO, M. *El sentido cristiano del pecado*, cit., p. 37.

seriamente ameaçada sua existência como ser humano. É a única maneira de explicar a obstinação em não reconhecer as próprias culpas. Essa atitude, porém, leva a uma petrificação da vida, com repetição contínua dos mesmos tópicos: insensibilidade e apatia. Os sentimentos de culpabilidade reprimidos exteriorizam-se em gestos de mau humor, fobias, irritabilidade e dureza de mente. A perda da sensibilidade em relação à culpa real degenera, no final, na perda da própria essência humana.[11]

Grün observa como as pessoas, ao procurarem criar sua própria perfeição com tal intensidade, esquecem-se de que são seres humanos, capazes de cometer erros:

> Quando um indivíduo chega a não perceber a possibilidade de cometer erros, perdeu também a capacidade de perceber o mais essencial e profundo, o mais característico e específico de sua existência: sua liberdade e o sentido de responsabilidade. Quando se chega a perder a consciência de ser alguém capaz de falhas, o mal já não se manifesta ao sujeito sob sintomas de má consciência; manifesta-se em angústia indefinida, em sinais de depressão, de distonia vegetativa. O que o atormenta, então, não são os sentimentos de culpabilidade, mas a angústia diante do fantasma do fracasso ou da possibilidade de cair em depressão.[12]

A psicologia, além de estudar os complexos de culpa, estuda também a própria culpa. Grün fundamenta toda a sua reflexão na psicologia analítica de C. G. Jung.[13] Para C. G. Jung, a culpa

---

[11] Cf. GRÜN, A. *Si aceptas perdonarte, perdonarás*, cit., pp. 118-119.

[12] Id., ibid. p. 19.

[13] C. G. Jung (Kesswil, 1875 – Zürich, 1961), psiquiatra suíço. Primeiro presidente da Associação Psicanalítica Internacional, criada em 1910. Inicialmente, compartilhou as teses de Freud, mas logo apareceram divergências entre ambos os estudiosos, em especial no que tange à natureza da libido, que, segundo Jung, manifestava uma energia vital, não sexual. Consumada a ruptura de relações em 1913, Jung denominou seu método de "psicologia analítica". Estabeleceu, ainda, o conceito de "inconsciente coletivo", que seria a experiência milenar da humanidade. Ao explicar a dinâmica da personalidade, Jung — como Freud

consiste numa divisão: eu me nego a ver e a aceitar minha realidade. Empenho-me em rechaçar e alijar de mim tudo o que me incomoda.[14] O homem vive sempre entre dois pólos, entre a angústia e a confiança, entre o entendimento e o sentimento, entre o amor e a agressão, entre a disciplina e a indisciplina. Alguns que, exteriormente, se mostram muito seguros de si mesmos, não têm contato senão com um dos pólos. Assim, por exemplo, o indivíduo racional argumenta seguro de si mesmo, mas não é capaz de mostrar sentimentos. À medida que o diálogo chega ao plano dos

---

— utiliza o conceito de libido, mas, diferentemente de Freud, não a entende como um conceito coletivo das tendências sexuais humanas, mas como uma energia vital que está na base dos vários processos mentais. A regulamentação da atividade psíquica não está determinada pelo princípio do prazer-dor, mas pelos princípios da conservação da energia e da entropia. A personalidade total (psique) consta de três sistemas interagentes: a consciência, o inconsciente pessoal e o inconsciente coletivo. O ponto médio da *consciência* é constituído pelo *eu*, que compreende as percepções conscientes, os conteúdos da memória, os pensamentos e os sentimentos, e permite ao indivíduo adaptar-se ao ambiente. O *inconsciente pessoal* consta das experiências pessoais, dos desejos e dos impulsos que no passado foram conscientes, mas que foram reprimidos ou proibidos, ainda que essencialmente sejam capazes de voltar novamente à consciência. O *inconsciente coletivo*, o sistema psíquico de maior influência, opera totalmente sem que o indivíduo tenha consciência dele. Esse é o fundamento racial herdado da estrutura da personalidade e manifesta a influência das experiências acumuladas de todas as gerações anteriores, até mesmo o passado animal da espécie humana. Os componentes estruturais do inconsciente coletivo são os arquétipos, tais como a *persona,* a *anima,* o *animus* e a sombra. O si-mesmo é o arquétipo responsável pela integração e estabilidade da personalidade. Ocupa uma posição central na teoria junguiana da personalidade: expressa-se na luta inata do indivíduo humano rumo à totalidade psíquica, um processo central a que Jung chama individuação, ou luta pela auto-realização. Jung baseia a tipologia em uma distinção entre os tipos de função e reação. Enquanto os tipos de função se dividem em quatro funções básicas de pensamento, intuição, sentimento e sensação, o tipo de reação caracteriza a direção da energia libidinosa. Conforme a libido esteja mais orientada para dentro ou para fora, Jung distingue entre *introversão* e *extroversão.* Entre suas obras, destacam-se: *Transformación y símbolos de la libido* (1912), *Tipos psicológicos* (1920), *Las relaciones entre el Yo y el inconsciente* (1928), *Psicología y religión* (1939), *Sobre la psicología del inconsciente* (1942), *Simbología del espíritu* (1948), *Consciente e inconsciente* (1957). Cf. WITTLING, W. *Jung, Carl Gustav.* In: ARNOLD, W. et al. *Diccionario de psicología.* Madrid, Ediciones Ríoduero, 1979. v. II, pp. 251-253.

[14] Cf. GRÜN, A. *Si aceptas perdonarte, perdonarás,* cit., p. 119.

sentimentos, ele se sente presa do pânico e se fecha em si mesmo. Experimenta a si mesmo de maneira unilateral. Quem somente vivencia conscientemente um pólo, reprime o outro pólo e o desloca para o lado da sombra.[15] A partir daí, esta fará sentir seus efeitos negativos. Então, o sentimento reprimido manifestar-se-á como sentimentalismo. Ou a indisciplina reprimida fará com que a pessoa perca completamente o controle em determinado âmbito de sua vida. A sombra pode manifestar-se também em reações sensíveis, à medida que alguém lhe toque os próprios pontos fracos. Nesse momento, a pessoa que exteriormente se manifesta segura de si mesma sairá, repentinamente, do sério. A segurança em si mesmo, da qual fazia tanta exibição, desmoronará de repente.[16]

Para Jung, a culpa não é algo necessário, que o ser humano comete inevitavelmente, mas sim uma realidade íntima, em dependência de uma decisão livre. Grün argumenta dizendo que a pessoa pode fechar deliberadamente os olhos a tudo o que é contrário a seu ideal. O indivíduo desejaria poder esquivar-se de sua própria realidade. Alguns saem do caminho de sua própria verdade, buscando minimizar a importância de seus erros; outros, ao contrário, exagerando os sinais de arrependimento. Em vez de verem a falta, de a reconhecerem e de não a praticarem mais, o que fazem é regozijar-se no arrependimento, como quem se envolve no acolchoado na hora de levantar-se numa gélida manhã de inverno. Essa insinceridade, esse não querer ver, torna impossível qualquer confronto com as sombras negativas da personalidade.[17]

---

[15] "O inconsciente coletivo está cheio de uma série de complexos autônomos ou arquétipos, dos quais alguns estão descritos. Há dois que têm extraordinária importância: são a *anima*, no homem, e o *animus*, na mulher. Representam, em cada um, a experiência ecumênica e secular do outro sexo: o eterno feminino subjacente no interior do homem e o eterno masculino subjacente no interior da mulher. A *anima* é, pois, a metade feminina de nossa psique." LÓPEZ IBOR, J. J. *La agonía del psicoanálisis*. 6. ed. Madrid, Espasa-Calpe, 1981. p. 74.

[16] Cf. GRÜN, A. *Cómo estar en armonía consigo mismo. Caminos espirituales hacia el espacio interior*. 5. ed. Estella, Verbo Divino, 2001. pp. 29-30.

[17] Cf. GRÜN, A. *Si aceptas perdonarte, perdonarás*, cit., p. 119.

A FALTA COMO OPORTUNIDADE

De acordo com Jung, um ser humano se torna culpado quando se nega a olhar de frente sua própria realidade. Mas existe também uma falta, de certa maneira necessária, da qual ninguém pode livrar-se. Somente um indivíduo extremamente ingênuo e inconsciente pode presumir ser capaz de evitar toda culpa. A psicologia séria não pode permitir-se semelhante sonho infantil. A psicologia olha a realidade de frente e reconhece que semelhante grau de inconsciência não é, de forma alguma, justificante da atitude de negação da culpa, mas, ao contrário, uma culpa em si mesma, e muito grave. O indivíduo pode emitir um juízo absolutório de si mesmo, mas a natureza reage com sinais de maior irritação, sem atender ao fato de alguém aceitar ou não sua culpa.

A falta é uma oportunidade oferecida para detectar a própria verdade, para dar uma olhada nas zonas mais profundas do coração e poder ali encontrar a Deus. Nossa tarefa e nosso objetivo consistem em chegar a aceitar nossas próprias sombras e faltas com espírito de humildade.

No caminho rumo à realização de si mesmo,[18] o indivíduo comete muito erros. Jung não pretende desculpar esses erros. Tampouco convida a aceitá-los sem deixar bem claro um fato que

---

[18] "Segundo Jung, o ser humano só pode encontrar a si mesmo se na primeira metade de sua vida desenvolve um *eu* forte, uma personalidade bem formada. Ou seja, na estrutura humana, o que alguém é, pode e sabe (chamamo-lo também de o papel que alguém desempenha no tecido social), e se pode fixar-se no mundo e se encontrou sua identidade. Por conseguinte, na metade da vida, sua tarefa consiste em relativizar a pessoa, conhecer e aceitar suas próprias sombras (tantos os rincões obscuros como os aspectos de sua personalidade ainda não vividos), integrar em si *anima* e *animus* (ou seja, a parte feminina e masculina da personalidade, tanto própria como do sexo oposto), dar abrigo, em si, à imagem de Deus, ou seja, abandonar seu próprio e pequeno *eu*, e entregar-se completamente a Deus. A meta da auto-realização é o nascimento de Deus no próprio coração, o dar entrada à imagem de Deus na alma." GRÜN, A. *Para gloria en el cielo y testimonio en la tierra. La madurez humana en la vida religiosa*. Estella, Verbo Divino, 2001. pp. 25-26. Acerca do mesmo assunto: GARRIDO, J. *Adulto y cristiano. Crisis de realismo y madurez cristiana*. 5. ed. Santander, Sal Terrae, 1997. pp. 43-50.

se repete com freqüência. Quando um sujeito se situa diante de sua culpa, esta não impede em nada o processo de plena conscientização. Ao contrário, a contemplação da culpa se converte em estímulo para maiores conquistas morais. Ser consciente da culpa exige também uma transformação ou mudança em algo melhor.[19]

Grün observa que a consciência de culpa pode, portanto, converter-se em poderoso estimulante moral. Lamentavelmente, sem faltas não há amadurecimento no espírito, nem ampliação de seus horizontes. A experiência da própria culpa pode indicar o começo de uma transformação anterior.[20]

O MAL

O mal é uma experiência que todo ser humano tem e que não é teoria nem pergunta metafísica. Ou seja, o mal é algo que todos experimentamos de maneira concreta e particular, seja porque o perpetramos, seja porque o sofremos.

Grün diz que para a psicologia não é possível contemplar o pecado unilateralmente, como simples transgressão de um preceito. Culpa e forças instintivas, aumento da falta e malograda organização das vivências são realidades que estão intimamente relacionadas. Nem sempre é fácil analisar com rigor e ver até que ponto e onde precisamente está a responsabilidade culpável em uma conduta objetivamente má. Contudo, a psicologia dá por pressuposto que podemos fazer-nos culpáveis pelo simples fato de abrirmos ao mal as portas do nosso interior, por nos negarmos a submeter a uma revisão nosso passado, e assim nos deixamos manipular pelo mal, sem opor-lhe resistência.[21]

Uma inesgotável fonte do mal é o fenômeno da transferência.

---

[19] Cf. GRÜN, A. *Si aceptas perdonarte, perdonarás*, cit., pp. 120-121.
[20] Id., ibid. p. 121.
[21] Cf. id., ibid. pp. 121-122.

Uma criança sem amor e submetida a maus-tratos transfere aos outros, quando chega à maioridade, o rancor e o desejo de vingança que não executou contra seus pais. Os sujeitos que o rodeiam receberão dele o mesmo tratamento que receberiam dos pais dele. Muitos dos males nos adultos são um pagamento atrasado de antigas dívidas e em falsos devedores, uma interminável partida de um jogo fora de lugar.[22]

Projeção[23] é um mecanismo de defesa inconsciente, isto é, a transferência — não percebida nem clara — de uma situação anímica subjetiva a um objeto exterior. À medida que os próprios desejos ou emoções são trasladados a outro, não vemos nesse outro a realidade. Deixamo-nos enganar pela própria projeção e somos dominados por ela. Quando outros lançam sobre nós suas projeções, pressionam-nos com uma força à qual mal podemos subtrair-nos. As projeções são como uma espécie de projéteis disparados por uma pessoa má e que nos enfermam.

Nossas próprias projeções arrastam-nos com sua força. Para Jung, a causa das projeções são os complexos. Dissemos que, para ele, os complexos eram a "presença de idéias e de pensamentos que estão reprimidos, têm forte carga emocional [...] e influem no comportamento da pessoa".[24] Isso indica que, no começo de um complexo, existe um conteúdo sentimental adequado. Um conteúdo cuja simples menção desencadeia em nós fortes emoções que havíamos eliminado de nossa consciência. Um complexo coloca-nos "em uma situação de compulsão de pensamento e de ação". O complexo é relativamente autônomo. Nos sonhos, os complexos apresentam-se personalizados. Eles se nos apresentam freqüentemente como pessoas. Para Jung, são fragmentos da psique separados e, dado

---

[22] Id., ibid. p. 122.

[23] Aqui, sigo a exposição que A. Grün faz em seu livro *Nuestras propias sombras. Tentaciones. Complejos. Limitaciones.* 4. ed. Madrid, Narcea, 2001, pp. 7-40.

[24] Cf. nota 19.

que são inconscientes, podem ter senhorio sobre o *eu*. A isso é que na Idade Média se chamava de possessão.

Jung julga que os monges antigos não apenas não haviam psicologizado os complexos perturbadores, mas que, ao designá-los como seres independentes, ou seja, como demônios, haviam determinado melhor seu conteúdo do que as tentativas modernas de descrevê-los, que dizem: "Tenho um complexo". Porque, na realidade, o complexo é que nos possui. Ao despojar o complexo de sua autonomia e descobri-lo como atividade própria, aparece a angústia perante sua ação destruidora. Quando os antigos monges falam de possessão, descrevem exatamente a ação do complexo. Reconhecem, com isso, que o possuído não é precisamente um enfermo, mas que sofre uma influência espiritual invisível, da qual não pode, de maneira alguma, ser senhor. Esse "algo" invisível é chamado complexo autônomo, um conteúdo inconsciente que se subtrai à captação da vontade consciente.

Jung distingue dois complexos diferentes: *o complexo da alma* e o *complexo do espírito*. Ele acrescenta ao *complexo da alma* o inconsciente pessoal, que surge da regressão de conteúdos que são excluídos por princípios morais ou estéticos do ambiente. O complexo da alma deve ser integrado pelo ser humano. O dano de um complexo da alma experimenta-se como enfermiço.

O *complexo do espírito* aparece quando irrompem determinados conteúdos na consciência, provenientes do inconsciente coletivo. A pessoa sente o complexo do espírito como algo estranho e incômodo e, ao mesmo tempo, fascinante. Assim que um conteúdo desses é afastado da consciência, o indivíduo se sente aliviado. No complexo do espírito, algo estranho chega até nós, raros e inéditos pensamentos nos surpreendem, o mundo se transforma e nos sentimos ameaçados, atacados. Não resta outra opção se não a de afastá-lo do nosso âmbito. A isso os antigos monges diziam que era preciso expulsar os demônios.

Jung observa a íntima união que existe entre o complexo e o afeto. Diz: "Todo afeto encerra a inclinação a converter-se em complexo autônomo, a separar-se da hierarquia da consciência e, se for possível, a arrastar o *eu* atrás de si". Recorda a experiência que se tem quando alguém se deixa levar por expressões não pensadas.[25] Nesse caso a pessoa diz que se deixou levar pela língua, com o que expressa claramente que seu falar — seu pensar — converteu-se num ser independente, que arrastou o sujeito e o levou consigo. Por isso é natural que os antigos vejam nisso a atividade de um espírito, de um demônio. E que o demônio seja a imagem de um afeto independente, de um afeto personificado.

Se nos deixamos levar por nossos pensamentos e idéias, e não mantemos uma justa relação com eles, a conseqüência será que projetaremos nossos próprios desejos e emoções nos outros. Portanto Grün observa que não é culpado o próximo que nos molesta, mas nosso mundo interior revolto que, por meio do próximo e de sua conduta impertinente, quer molestar-nos para manter-nos no afeto negativo, sofrendo o mal em nós mesmos ou prejudicando os outros com nossas idéias e ações.[26]

Nesse sentido Grün considera que o mal seria um falso desenvolvimento devido a fracassadas assimilações das feridas da alma, ou seja, o mal aumenta desmesuradamente quando se nega a um indivíduo, por muito tempo, uma razoável satisfação de seus instintos e desejos. As experiências negativas da infância conduzem, via de regra, à espiral de más ações e a torturantes complexos de culpabilidade.[27]

A opinião de alguns virtuosos de que há os que praticam o mal pelo prazer de fazê-lo é uma crença falsa. O mal não costuma ser uma maldade agradável nem um gozo sem contrapeso

---

[25] Muita gente sofre transtornos emotivos pela percepção, pela valorização e pelas idéias que nós fazemos das coisas. Acumulamos um sem-número de idéias não-realistas e não-razoáveis, que nos fazem sofrer inutilmente. Cf. AUGER, L. *Ayudarse a sí mismo. Una psicoterapia mediante la razón.* 11. ed. Santander, Sal Terrae, 1987.

[26] Cf. GRÜN, A. *Nuestras propias sombras. Tentaciones. Complejos. Limitaciones*, cit., p. 40.

[27] Cf. GRÜN, A. *Si aceptas perdonarte, perdonarás*, cit., p. 123.

de penitência, mas uma reação torturante, violenta, maníaca, instintiva e angustiante contra insuportáveis feridas e privações, conclui Grün.

A psicologia nos previne contra condenações fáceis e unilaterais dos que praticam o mal. Ao mesmo tempo, faz-nos notar também que o perdão é uma condição necessária para o desenvolvimento psíquico da pessoa. Conseqüentemente, afirma Grün:

> Somente quando sou capaz de perdoar aos que me fizeram sofrer, ou de perdoar a mim mesmo, é que pode derreter-se o gelo de ódios congelados. Somente então se pode superar e transformar uma parte do mal, isto é, uma grande dívida que contraímos com nós mesmos e com a sociedade. Sem o perdão, prolifera o mal como uma úlcera cancerígena.[28]

Nem inculpar, nem exculpar

Para Grün, a essência do problema reside na maneira de reagir e de comportar-se perante a realidade dos próprios erros. Portanto, é preciso prevenir-se muito contra duas tentativas de solução do problema. Uma consiste em inculpar e a outra em exculpar.

A respeito da auto-inculpação, Grün nos faz notar que, quando nos acusamos a nós mesmos, estamos dilacerando-nos com sentimentos de culpabilidade que se converterão em sanção. Dramatizamos a culpa. Nessa dramatização não se abre a distância necessária entre nós e nossa culpa. O que estamos fazendo não é uma análise da culpa, mas sim deixar-nos dominar e derrubar por ela. Fazemo-nos juízes e nos condenamos a nós mesmos, globalmente, e com isso tornamo-nos incapazes de uma serena contemplação objetiva das coisas.

É bom levar em conta essa observação de Grün no trato com os outros, quando ele diz que muitas vezes essa auto-inculpação

---

[28] Id., ibid.

outra coisa não é se não o reverso do orgulho. Alerta-nos dizendo que, no fundo, o que se quer é ser melhor do que os demais e destacar-se acima dos demais. No entanto, faz-se ouvir, então, a voz do superego, que nos impede. Na realidade, o que acontece é que alguém castiga suas próprias intenções de exaltação. Grün afirma:

> É freqüente ouvir como esta classe de pessoas chama a si mesma de os maiores pecadores do mundo. Por não conseguirem ser os melhores, chamam-se os piores. Negam-se a reconhecer sua mediocridade; o que desejam mesmo é ser superiores aos demais em alguma coisa. Se não é possível no bem, pelo menos no mal. Ser-lhes-ia muito proveitoso armar-se de coragem e contemplar e aceitar sua condição humana, sua terrenidade. [29]

O outro perigo consiste em exculpar-se. É também outra maneira de passar ao largo da culpa: empenhamo-nos em buscar mil razões para demonstrar que não temos culpa e tentamos justificar-nos com qualquer tipo de argumentos. Acontece, porém, que, quanto mais buscamos justificar-nos, tanto mais grave se faz a dúvida sobre a validez de nossas razões. Já não nos resta mais remédio a não ser insistir em busca de novos argumentos para justificar nossa inocência.

Grün conclui dizendo que o medo e a recusa em colocar-nos diante de nossa culpa levam-nos ao ativismo: não podemos estar sossegados. Se ficássemos inativos, nossos sentimentos de culpabilidade saltariam à superfície e comprovaríamos, tristemente, que todas as nossas tentativas de autojustificação resultam simplesmente inúteis.[30]

---

[29] Id., ibid. p. 124.
[30] Id., ibid. pp. 124-125.

O DIÁLOGO[31] LIBERTADOR.
TRATAMENTO DO SENTIMENTO DE CULPA

Procuraremos, agora, buscar alternativas sobre como defrontar-nos com a culpa, o pecado e a falha moral, as quais nos permitam humanizar-nos a partir de nossos erros e limites.

Grün considera que se situar serenamente diante das próprias culpas é uma atitude de dignidade humana. Ninguém está isento da possibilidade de faltas e erros. Contudo, se nos empenhamos em minimizar a importância de nossas faltas, buscando desculpas ou lançando a culpa nos outros, privamo-nos da dignidade de ser gente, com a possibilidade de cometer erros. A culpa é sempre argumento de liberdade. A desculpa ou o afã de diminuir a culpa privam-nos da liberdade. Se aceitamos, porém, a responsabilidade de nossas faltas, com essa aceitação renunciamos a toda tentativa de justificação ou de jogar sobre os outros o que é responsabilidade nossa. Esta é uma condição para seguir adiante, sentindo-nos interiormente humanos, a fim de sairmos da prisão de nossas permanentes acusações, sanções e humilhações, e para nos encontrar a nós mesmos.

Nosso autor propõe como terapia para aceitar e assumir nossos erros a confissão da culpa perante outro sujeito, pois, com muita freqüência, isso leva à experiência de uma nova proximidade, de uma comunicação mais profunda com os outros. Por isso a conversa com o outro é o caminho apropriado para nosso comportamento diante da culpa. No diálogo, assumimos nossas culpas e, ao mesmo tempo, distanciamo-nos delas. Declaramos nossa disposição positiva de aceitar as regras fundamentais da convivência humana. Em um diálogo dessa natureza podemos chegar a experimentar que não existe nada a perdoar. E damo-nos conta de que o outro, ou os outros, pode ou podem já contemplar nossas faltas sem assustar-

---

[31] O diálogo foi proposto como meio para a promoção da penitência e da reconciliação. Cf. JOÃO PAULO II. *Reconciliatio et paenitentia*. São Paulo, Paulinas, 1985. pp. 78-85. Col. A voz do papa, n. 106.

se, sem sentir asco, já que não tememos gestos de ameaça, porque tudo é, de fato, humano e está revestido de forma humana: nada do que é humano me é estranho.[32]

Contudo, a fim de que o diálogo seja frutífero, o interlocutor precisa levar muito a sério e respeito os sentimentos de culpabilidade, até quando esses pareçam absurdos, sem fundamento real, e a única coisa que fazem é remeter a um rígido superego. Não há sentimento sem razão de ser. Às vezes é necessário retroceder até a remota infância para buscar ali a origem do conflito. Ainda no caso em que o fenômeno do sentimento de culpabilidade não seja tão complicado ou difuso, o diretor espiritual deve levá-lo muito a sério e considerá-lo como justificável.[33]

Nesse sentido Grün é claro na hora de definir a função da escuta por parte do confessor.

> A arte do confessor consiste em não reforçar nem atenuar os sentimentos do penitente. Se eu banalizo os sentimentos do outro, dou-lhe a entender que não o estou levando a sério, que não me dou ao trabalho de colocar-me em seu lugar. Por essa razão acontece que muitas vezes os conselhos tranqüilizadores não se dirigem diretamente ao cliente, e a única coisa que indicam é a inépcia do conselheiro para esclarecer, a quem lhe pede um conselho, uns complicados problemas que o irritam também a ele mesmo.[34]

Parece-nos uma explicação iluminadora: na hora de dirigir, orientar pessoas, temos de ter cuidado com a transferência de nossas feridas, traumas, medos, temores para a pessoa que vem consultar-nos.

---

[32] Esta perspectiva nos dá pistas para enriquecer a celebração da reconciliação sacramental.

[33] Cf. Grün, A. *Si aceptas perdonarte, perdonarás*, cit., pp. 125-127.

[34] Id., ibid. p. 127.

Grün, com um exemplo, explicita o que nos vem dizendo:

> Se uma mulher vem confessar-se e se reconhece culpada por ter provocado um aborto, de nada lhe serve e em nada lhe ajuda atenuar-lhe a falta e dizer-lhe que, afinal de contas, o caso não é tão grave assim. Não tenho nenhum direito de condená-la, pois essa não é minha função. Contudo tampouco posso diminuir a falta porque, nesse caso, ela não se sentiria levada a sério. O que devo fazer é tratar de identificar-me com seus sentimentos como são na realidade, mesmo no caso em que à realidade objetiva se somem sentimentos subjetivos procedentes de uma educação rigorosa. Somente assim o perdão da falta, na absolvição sacramental, pode libertar essa mulher do peso de seus sentimentos de culpabilidade e levantar-lhe outra vez o moral caído.[35]

Esses esclarecimentos de Grün, próprios de um mestre espiritual, são de grande ajuda para o diretor espiritual ou confessor na formação das consciências dos cristãos adultos, visto que, diante de um problema concreto e às vezes complexo, deveria, antes de aconselhar, rever todas as fontes possíveis do dito conflito. Reproduzimos suas palavras pela densidade do texto:

> Os sentimentos de culpabilidade têm sempre alguma causa. Quando se trata de sentimentos enfermiços, o problema real consiste em que o penitente, na realidade, não conhece as raízes profundas desses sentimentos, e se agarra a experiências secundárias. O que ele indica como fonte de seu conflito de sentimentos não é, de fato, o verdadeiro foco do conflito, mas uma representação cifrada de seus problemas, que, por isso mesmo, não têm mais do que uma solução indireta. O confessor deveria começar por mergulhar, com o penitente, em direção das profundidades onde se encontra a fonte desses sentimentos, indicar-lhe o foco do qual brotam e fazê-lo dar-se conta da falta de origem na qual ele talvez jamais tenha pensado nem chamado pelo nome. Na conversa sobre a origem desses sentimentos, freqüentemente nos depararemos, nessa profundidade,

---

[35] Id., ibid. pp. 127-128.

com agressividades desviadas, com impulsos proibidos e necessidades reprimidas. No decurso da conversa, quiçá se chegue a descobrir que a única verdadeira culpa não está em nada do que o penitente confessou, mas em sua pertinaz recusa em confrontar-se com as necessidades do instinto.[36]

Quanto ao tratamento do sentimento de culpa, podemos dizer, parafraseando nosso autor, que não tem sentindo algum tentar reprimir tais sentimentos. Muitos vêm à confissão ou buscam alguém com quem falar, seja amigo(a), psicólogo(a) ou psiquiatra, não para acusar-se, mas sim para escusar-se e buscar atenuantes para sua falta ou problema. A proposta de A. Grün na hora de tratar desse tipo de sentimentos é que devemos confrontar-nos com eles. Como enfrentar os sentimentos de culpa? Propõe três caminhos, que se encontram em diversos lugares de seus escritos:

- A reconciliação com as próprias debilidades e lados de sombra.
- Nesses sentimentos há também nova oportunidade.
- A falta deve ser encarada de frente mediante a recordação.

Vejamos cada um deles.

A reconciliação com as próprias debilidades e lados de sombra

Grün expõe este primeiro caminho em seu livro *Cómo estar en armonía consigo mismo. Caminos espirituales hacia el espacio interior* [Como estar em harmonia consigo mesmo. Caminhos espirituais para o espaço interior].[37]

Diz:

> Aquele que é capaz de reconciliar-se com suas próprias debilidades e lados de sombra é capaz de confessar perante o outro

---

[36] Id., ibid. p. 128.
[37] Cf. GRÜN, A. *Cómo estar en armonía consigo mismo...*, cit., pp. 28-33.

ou outros suas próprias faltas, e está a favor de si mesmo quando outros o censuram. Este possui, deveras, um bom sentimento do próprio valor. É capaz de aceitar-se a si mesmo tal como é, até em seus aspectos menos agradáveis.[38]

Grün recorre aos postulados psicológicos de Jung a fim de iluminar esse caminho. Dessarte, ficamos sabendo que, para cultivar uma boa auto-estima, ou seja, um sadio sentimento do próprio valor, Jung propõe a aceitação do lado de sombra mediante a integração da *anima* e do *animus*, e da admissão da imagem de Deus que se expressa na alma humana por meio de imagens e símbolos. Aquele que aceitou suas sombras será capaz de reagir serenamente quando é censurado exteriormente ou quando se vê sob o fogo da crítica. Essa pessoa conhece a si mesma, reconciliou-se consigo mesma, com suas próprias alturas e profundidades. Não estranhará o que possam dizer dela, não estremecerá facilmente, porque o fundamento sobre o qual ela se assenta firmemente tem duas pernas, dois pólos, que essa pessoa admitiu em si mesma.

Por isso Jung fala de chegar a ser "si mesmo", e não de chegar a ser "eu". O "si mesmo" é coisa diferente do "eu". O "eu" é unicamente consciente. É o núcleo consciente a partir do qual eu tomo minhas decisões. Manifesta-se, pois, claramente, quando digo: "Eu o quero agora. Assim eu decido agora. Agora eu vou ali. Eu não tenho vontade". O "eu" quer impor-se. Para chegar até o "si mesmo", terei de desarmar-me do pequeno "eu". Tenho de descer até minhas próprias profundezas e descobrir o verdadeiro núcleo de minha pessoa. Mas, amiúde, não é fácil ao ser humano "descer de suas alturas e permanecer também nas baixuras. Tem medo, em primeiro lugar, de perder o prestígio social. Em segundo lugar, de perder a consciência moral que tem de si mesmo, de confessar suas próprias debilidades".[39] A meta, segundo Grün, é

---

[38] Id., ibid. pp. 28-29.

[39] JUNG, C. G. *Gesammelte Werke*. 10 Band, Olten, 1974. p. 387. Citado por: GRÜN, A. *Cómo estar en armonía consigo mismo...*, cit., p. 31.

descer primeiro às próprias profundidades antes de esbarrar ali com a imagem de Deus que está pronta no fundo de nossa alma. Somente poderá encontrar seu próprio "si mesmo" quem admite em si as imagens de Deus. Somente aquele que chegou até esse núcleo interior, até seu verdadeiro "si mesmo", terá um genuíno sentimento do próprio valor.[40]

Grün assinala as conseqüências dessa viagem à interioridade, ao núcleo íntimo de cada um de nós, ou seja, aquele que se achar em contato com seu "si mesmo" será independente dos demais. Terá encontrado o caminho para si, para sua própria dignidade. E será capaz de permanecer em si, de manter a si próprio. A viagem à sua interioridade é tão fascinante que, então, já não se considerarão tão importantes o elogio ou a crítica que venham do exterior. Reforça suas afirmações com o que Jung diz a um destinatário alemão:

> O valor de uma pessoa não se expressa jamais, primeiramente, na relação com outra pessoa. Esse valor consiste na pessoa em si mesma. Por isso não devemos em tempo algum fazer com que nosso sentimento do "si mesmo" ou que nossa estima do "si mesmo" dependam do comportamento de outra pessoa diferente, por mais que humanamente possamos sentir-nos identificados com ela.[41]

Grün conclui: "Chegar a ser 'si mesmo' significa ir até o verdadeiro 'si mesmo' e fazer-se, assim, independente da opinião dos demais".[42]

Nesse sentido Grün acredita que temos de reconciliar-nos com a história de nossa própria vida. No fim das contas, não tem sentido algum viver revolvendo constantemente nosso passado a fim de encontrar nele razões para nosso comportamento atual. Um dia teremos de assumir nossa própria vida e aceitar o passado como material para reformar ou fortalecer nossa existência. Com

---

[40] Cf. Grün, A. *Cómo estar en armonía consigo mismo...*, cit., p. 31.
[41] Jung, C. G. *Briefe I*. Olten, 1972. pp. 198s. Citado por: Grün, A. *Cómo estar en armonía consigo mismo...*, cit., pp. 31-32.
[42] Grün, A. *Cómo estar en armonía consigo mismo...*, cit., p. 32.

nosso passado, seja de madeira, de pedra ou de argila, poderemos plasmar uma bela figura. Temos, porém, de pôr-nos a trabalhar o material. Então, essa história poderá chegar a ser valiosa para nós. Diz Grün: "Digo constantemente às pessoas a quem atendo: Tua história é teu capital. Se te reconciliares com o caminho de tua vida, então poderás obter benefício dele — até de seus trechos mais difíceis — para muitas pessoas".[43]

Concluindo o primeiro caminho, diz Grün:

> Se eu assumo minha vida, então deixarei de lançar nos outros a culpa pelas coisas infelizes que vejo em mim. O fato de assumir minha vida abrir-me-á os olhos para ver as possibilidades que só eu tenho para a imagem singularíssima que Deus fez unicamente de mim. Contudo, para isso, terei de despedir-me de ideais demasiado altos com os quais eu, talvez, me identifique. Não se trata de chegar a ser perfeito e sem faltas, mas de integrar-me, de ser totalmente, uma só coisa comigo mesmo, com todas as coisas opostas que existem em mim.[44]

Trata-se, pois, de nos assumir como seres humanos, com nossas fortalezas e debilidades, com o positivo e com o negativo, com a claridade e com a obscuridade que existem em cada um de nós, tendo como meta a integração e a auto-realização da personalidade.

Nesses sentimentos há também nova oportunidade

Grün trata desse segundo caminho em seu livro *¿Fracasado? ¡Tu oportunidad!* [Fracasso? Eis tua oportunidade!].[45] Ele percebe que, na vida, os sentimentos de culpa podem paralisar-nos e destroçar-nos, mas nesses sentimentos também existe nova oportunidade. Se os encararmos de frente, sem nos censurar pelo que fizemos de

---

[43] Id., ibid. p. 33.
[44] Id., ibid.
[45] Cf. GRÜN, A. & ROBBEN, M. M.*¿Fracasado? ¡Tu oportunidad!* Estella, Verbo Divino, 2001. pp. 129-133.

errado, mas também sem nos desculpar, como se não tivéssemos tido culpa de nada, pode ser que esses sentimentos de culpa se transformem lentamente. Os sentimentos de culpa mostram-nos que não é possível envergar uma roupa branca durante toda a vida. Cairemos na culpa uma e outra vez, quer queiramos ou não. Se nos reconciliarmos com os sentimentos de culpa, perceberemos como é inútil buscar e servir a Deus fora de nós mesmos.

Nosso autor afirma que nós criamos a idéia de que nossa condição externa nos dá a garantia de viver de forma agradável a Deus. Os sentimentos de culpa desfazem por completo essa idéia. A forma externa não é, precisamente, o decisivo para cumprir ou não a vontade de Deus. O coração, porém, é o lugar de onde nos abrimos ou nos fechamos a ele.

Por isso propõe que devemos entregar diariamente nosso coração a Deus, a fim de que tome posse dele e o transforme. Os sentimentos de culpa podem mostrar-nos um aspecto importante da vida espiritual. Trata-se da conversão de cada dia, não da segurança de ser "fiéis", porque nós, simplesmente, nunca somos "justos".[46] Aqui encontramos os deveres de cada dia: assumir nossa realidade pessoal, trabalhá-la e evitar, na medida do possível, projetá-la nos outros.

O que interessa a Deus é nosso coração. Mas nosso coração nada mais faz que se afastar constantemente dele, até mesmo quando, exteriormente, parece que vivemos de forma correta. Se nos reconciliarmos com nossos sentimentos de culpa, então precisamente tais sentimentos podem abrir nosso coração a Deus. O que agrada a Deus não é o sacrifício que lhe apresentamos como obra nossa: "Sacrifício a Deus é um espírito contrito; coração contrito e esmagado, ó Deus, tu não desprezas".[47]

---

[46] Cf. id., ibid. p. 132.
[47] Sl 51,19.

Grün conclui o segundo caminho advertindo-nos de como tais sentimentos podem ser fonte de recuperação e de abertura para Deus.

Não existe nenhum caminho para superar totalmente os sentimentos de culpabilidade. De vez em quando eles podem aparecer. O decisivo é que não nos deixemos levar por eles, que não representem para nós um impedimento e que não cismemos neles, que não os revolvamos. Ao contrário, eles deveriam antes recordar-nos, invariavelmente, a necessidade de converter-nos cada dia a Deus e de entregar-lhe constantemente nosso coração vazio. Dessa forma, os sentimentos de culpa não nos paralisam, mas nos mantêm ativos em nosso caminho para Deus. Dobram nosso coração, sempre tão satisfeito consigo mesmo, para que Deus possa nele entrar. Quanto melhor soubermos conviver com os sentimento de culpa, em vez de combatê-los, tanto mais se irão transformando, tanto mais nos farão mudar.[48]

A falta deve ser encarada de frente mediante a recordação

Esse terceiro caminho está exposto em seu livro *Si aceptas perdonarte, perdonarás*[49] [*Se aceitas perdoar-te, perdoarás*]. Diz Grün que, para que a confissão ou o diálogo sejam fecundos e revitalizem nossa vida, é necessário que tenhamos a coragem de encarar de frente a culpa, sem desculpas nem atenuantes.

Para isso propõe, como terapia, a recordação, o fazer memória do ocorrido. Diz:

> Com a memória, faço novamente a composição do lugar em que me fiz culpável ou quando reagi pela primeira vez com sentimentos de sê-lo. A memória fará surgir dentro de mim sentimentos negativos, ira e rancor contra mim ou contra os que me fizeram sofrer, contra os que

---

[48] GRÜN, A. & ROBBEN, M. M. *¿Fracasado? ¡Tu oportunidad!*, cit., p. 133.
[49] Cf. GRÜN, A. *Si aceptas perdonarte, perdonarás*, cit., pp. 129-130.

me causaram tristeza, decepção e dor. Não devo tentar atenuar esses sentimentos negativos, caso contrário não poderão transformar-se. Sem esse confronto honesto com minha culpa jamais poderei levar adiante meu processo de desenvolvimento e me verei condenado a estar eternamente girando em torno de meus sentimentos de culpabilidade. Nem sequer a confissão mesma seria uma verdadeira conversão e serviria apenas para consolidar mais minha conduta pecaminosa.[50]

A conversão pressupõe e necessita de uma elaboração da convertibilidade, assim o ensina a psicologia. Pois, para Grün, também essa convertibilidade terá de acontecer no plano religioso:

> O comportamento ante a própria culpa consiste em apresentar-se com a culpa diante de Deus, com ilimitada confiança em seu perdão, o único que me liberta do peso da culpa. No entanto, essa fé no perdão não me exime de meu próprio trabalho. O que posso e devo fazer é apresentar a Deus a culpa da qual estou consciente e com a qual toquei os limites de minha verdade humana, isto é, expor diante de Deus minha verdade. Esta percepção da culpa, com sua projeção sobre os conflitos do passado, é exatamente o objetivo que devo perseguir. O perdão é um dom de Deus, não é mérito nem compra. Contudo, só posso aceitar esse dom apresentando a Deus minhas mãos vazias e minha verdade pessoal.[51]

Pastoralmente, cremos que esse terceiro caminho é de suma atualidade, uma vez que apresentar nossas culpas diante de um Deus que nos ama e nos perdoa não nos exime de trabalhar nossos erros, pois, se afirmamos que Deus é amor e perdão, deveríamos reafirmar que também é verdade. Isso nos levaria a concluir que

---

[50] Id., ibid. p. 129.
[51] Id., ibid. p. 130.

experimentar gratuitamente o perdão de Deus nos compromete a transformar esse perdão em nossa vida, fazendo-o vida em cada um de nós, mas, ao mesmo tempo, tornando-o vida nas relações interpessoais. Dessa maneira o perdão será uma força que, em vez de ferir-nos ou humilhar-nos, motiva-nos a construir comunidades sanativas.

Uma contribuição da espiritualidade a partir de si mesmo

[...] Contudo, se chego a descobrir que eu sou o menor de todos, o mais pobre de todos os mendigos, o mais cínico de todos os ofensores; numa palavra: que o inimigo em pessoa está em mim, que eu preciso da esmola de meus próprios bens, que eu mesmo sou o inimigo ao qual devo amor, o que acontece, então? De fato, geralmente toda a verdade cristã se inverte; não resta, pois, vestígio nem de paciência nem de amor, e chamamos de vingança ao irmão que há em nós. Daí nos condenamos e nos enfurecemos contra nós próprios. Nós o perdoamos exteriormente, negamos jamais ter encontrado este pequenino em nós [...].

C. G. Jung

3
Uma contribuição da espiritualidade a partir de si mesmo

Grün oferece aquilo a que ele chama de espiritualidade de baixo,[1] em contraposição à espiritualidade de cima.[2] A partir dessa forma de viver a espiritualidade, o ser humano pode encontrar respostas a estas perguntas: como encarar de frente a culpa sem cair na inculpação, na exculpação ou na busca de atenuantes? Como enfrentar a violência que inconscientemente se aninha em seu coração? Definitivamente, como viver reconciliados para reconciliar? Pensamos que a teologia deveria oferecer-nos nova forma de vida para olhar, escutar e perguntar; acompanhar e agir no dia-a-dia, ou seja, uma espiritualidade renovada, que ensine o homem a dialogar com Deus a partir de suas realidades mais íntimas.

Para Grün, a espiritualidade de cima apresenta-nos altos ideais que temos de alcançar, tais como: o total desprendimento, o domínio de si mesmo, a amizade constante, o amor desinteressado, o estar livres de toda irritação e a superação da sexualidade.

---

[1] Cf. GRÜN, A. & DUFNER, M. *Espiritualidade a partir de si mesmo*. Petrópolis, Vozes, 2004.

[2] "A espiritualidade de cima começa pelos ideais que nós nos impomos. Parte das metas que o homem deve alcançar através da ascese e da oração. Os ideais que levam a isso são obtidos do estudo da Sagrada Escritura, da doutrina moral da Igreja e da idéia que o indivíduo faz de si mesmo. [...] A psicologia moderna vê com bastante ceticismo essa forma de espiritualidade, porque com ela o ser humano corre o risco de ficar interiormente dividido. Quem se identifica com seus ideais, freqüentemente reprime a própria realidade, se ela não estiver em harmonia com esses ideais. E assim o ser humano fica interiormente dividido e enfermo." GRÜN, A. & DUFNER, M. *Espiritualidade a partir de si mesmo*, cit., p. 8.

Contudo, com demasiada freqüência, esse tipo de vida espiritual leva-nos a que passemos por cima de nossa própria realidade, visto que nos identificamos tanto com o ideal que esquecemos nossas próprias debilidades e limitações, porque não respondem a esse ideal. Isso traz como conseqüência divisão ou separação, adoece-nos e, não poucas vezes, revela-se em nós a separação entre o ideal e a realidade, porque não podemos admitir que não correspondemos ao ideal. Por conseguinte, projetamos sobre os outros nossa impotência, tornamo-nos duros com nós mesmos e com os outros, até com a criação.[3]

Segundo Grün, os Padres do deserto ensinam-nos essa forma de viver a espiritualidade. Eles nos indicam que temos de começar por nós mesmos e por nossas paixões. O caminho para Deus, consoante eles, está sempre baseado no próprio conhecimento. Evágrio Pôntico († 399) assim o formula: "Se queres conhecer a Deus, conhece-te antes a ti mesmo".[4] E muito antes dele Clemente de Alexandria († 211) faz depender do próprio conhecimento o poder de ascender ao conhecimento de Deus: "Parece, portanto, que o mais importante de todo conhecimento é o conhecer-se a si mesmo, porque, se alguém se conhece a si mesmo, poderá, certamente, conhecer a Deus".[5] Sem esse conhecimento, diz Grün, corremos sempre o perigo de que nossa idéia de Deus seja mera projeção de nós mesmos. Nesse sentido, diz nosso autor, há devotos que fogem de sua própria realidade e se refugiam na piedade. Contudo, apesar de sua oração e de sua piedade, não mudam. Ao contrário, servem-se de sua piedade para elevar-se acima dos

---

[3] Cf. GRÜN, A. *La sabiduría de los Padres del desierto*. Salamanca, Sígueme, 2000. p. 18.
[4] *PG* 40, 1.267. Citado por: GRÜN, A. *Oração e autoconhecimento*. 4. ed. Petrópolis, Vozes, 2007. p. 13.
[5] CLEMENTE DE ALEXANDRIA. *Der Erzieher [O pedagogo]*, III,1. Manchen, 1934. p. 134. Citado por: GRÜN, A. *Oração e autoconhecimento*, cit., p. 20.

demais, para afirmar-se mais em sua impecabilidade, em sua incapacidade de cometer falhas.[6]

Grün particulariza como devemos entender tal espiritualidade a partir de nós mesmos:

> A espiritualidade de baixo significa que Deus não nos fala unicamente por meio da Bíblia e da Igreja, mas também através de nós mesmos, daquilo que nós pensamos e sentimos, através do nosso corpo, de nossos sonhos, e ainda através de nossas feridas e de nossas supostas fraquezas.[7]

Grün observa que tal espiritualidade tem sua justificação nos modelos bíblicos. Os modelos de fé que a Bíblia nos oferece não são jamais tipos humanamente perfeitos, sem defeitos. Ao contrário, são homens com terríveis distúrbios mentais por graves culpas sobre os ombros e que tiveram de clamar a Deus desde o mais profundo do coração. Por exemplo: Abraão, no Egito, nega que Sara seja sua esposa e a faz passar por irmã a fim de se livrar de conflitos. O faraó, então, coloca-a em seu harém. E Deus vê-se forçado a intervir para livrar o "pai da fé" das conseqüências de sua mentira.[8] O mesmo acontece com Moisés, libertador de Israel do cativeiro do Egito. Moisés é um assassino. Num ímpeto de cólera, matou um egípcio. Precisa confrontar-se com sua inaptidão, refletida no sinal da sarça ardente, antes de ser aceito como um fracassado a serviço de Deus.[9] A seguir vem Davi, o protótipo de rei de Israel e espelho dos reis posteriores. Davi carrega sobre sua consciência a grave culpa de deitar-se com a mulher de Urias. E, quando fica sabendo que está grávida, ordena que o hitita Urias seja deixado sozinho no fragor da batalha, para que morra.[10] As

---

[6] Cf. Grün, A. *La sabiduría de los Padres del desierto,* cit., p. 19.
[7] Grün, A. & Dufner, M. *Espiritualidade a partir de si mesmo,* cit., p. 7.
[8] Cf. Gn 12,10-20.
[9] Cf. Ex 2,11–3,12.
[10] Cf. 2 Sm 11.

grandes figuras do Antigo Testamento tiveram que passar primeiro pelo talvegue da humilhação perante suas faltas e insuficiências a fim de aprender, de uma vez, a colocar sua confiança somente em Deus e deixar-se transformar por ele em pessoas exemplares, modelos de obediência e de fé.[11]

Grün encontra justificação para essa forma de espiritualidade não somente nas grandes figuras do Antigo Testamento, mas também na própria pessoa de Jesus. No Novo Testamento, Jesus escolhe Simão como rocha sólida para fundamento de sua Igreja. Pedro não compreende Jesus. Desejaria impedir seu caminho para Jerusalém, em direção a uma morte inevitável. Jesus chama-o de Satanás e ordena-lhe severamente afastar-se dele.[12] Pedro finda por negar Jesus durante a detenção deste, tendo assegurado pouco antes, no caminho do monte das Oliveiras: "Mesmo que tiver de morrer contigo, não te negarei".[13] Precisa comprovar com amarga experiência que não é capaz de cumprir nada do que de tão alardeante promete. Depois de ter, finalmente, negado Jesus, saiu a chorar amargamente, sozinho.[14] Os evangelistas não dissimularam esse acontecimento. Evidentemente, era muito importante para eles deixar cruamente claro que Jesus não escolheu para apóstolos sujeitos piedosos e impecáveis, mas homens com defeitos e pecados. Edificou sua Igreja exatamente sobre o fundamento desses homens. Com suas faltas, sem dúvida eram testemunhos apropriados e argumentos convincentes da misericórdia de Deus, tal como a ensinou Jesus e a testemunhou com sua morte. A fragilidade de Pedro converteu-se em robustez de rocha para os demais. Porque comprovou que a rocha sólida não era ele, mas a

---

[11] Cf. Grün, A. & Dufner, M. *Espiritualidade a partir de si mesmo*, cit., pp. 19-20.
[12] Cf. Mt 16,23.
[13] Mt 26,35.
[14] Cf. Mt 26,75.

fé a que devia agarrar-se para permanecer fiel a Cristo em meio à adversidade.[15]

Grün observa que no próprio falar e agir de Jesus descobrimos essa forma de viver a espiritualidade. Jesus dirige-se intencionalmente aos pecadores e aos publicanos porque os encontra abertos ao amor de Deus. Ao contrário, os que se consideram justos freqüentemente reduzem seus intentos de perfeição a um monorrítmico girar em torno de si mesmos. Contemplamos um Jesus terno e misericordioso com os fracos e pecadores, mas asperamente duro em sua crítica contra os fariseus. Estes, efetivamente, encarnam tipicamente a espiritualidade a partir de cima. Possuem, indubitavelmente, aspectos bons e querem agradar a Deus em tudo o que fazem, mas não se dão conta de que, em sua tentativa de observar todos os preceitos, na realidade estão buscando a si mesmos e não a Deus. Importa-lhes muito menos encontrar-se com o amor de Deus do que com o cumprimento literal da lei. O único verdadeiramente importante é o cumprimento dos ideais e das normas que se prefixaram. De tanto considerar a letra dos preceitos, esquecem-se da vontade de Deus neles contida. Por duas vezes, no evangelho de Mateus, Jesus lançou-lhes ao rosto: "Misericórdia é que eu quero, não sacrifício!".[16]

Grün vê essa forma de espiritualidade refletida principalmente nas parábolas de Jesus. Escolhemos uma — a parábola do joio e do trigo.[17] Diz nosso autor que a espiritualidade a partir de cima trabalha por alcançar os ideais distinguindo bem e separando o joio que cresce entre o trigo no campo do coração humano. O ideal, aqui, é o ser humano puro e santo, sem defeito nem debilidades. Mateus provavelmente escreveu a parábola contra os rigoristas de sua comunidade, particulariza Grün. Contudo, assinala, é possível

---

[15] Cf. GRÜN, A. & DUFNER, M. *Espiritualidade a partir de si mesmo*, cit., pp. 20-21.

[16] Mt 9,13; 12,7. Cf. GRÜN, A. & DUFNER, M. *Espiritualidade a partir de si mesmo*, cit., pp. 23-24.

[17] Cf. Mt 13,24-30.

lê-la com aplicação espiritual às sombras e imperfeições no campo espiritual do coração. Nela se proíbe o rigorismo violento e drástico de alguém para consigo mesmo. Jesus compara nossa vida a um campo no qual Deus semeou boa semente de trigo. O inimigo vem astutamente, à noite, e espalha o joio. Os empregados que perguntam se devem arrancar imediatamente o joio são os idealistas rigorosos que gostariam de arrancar prontamente e pela raiz todo tipo de imperfeições. O dono, porém, responde: "Não, para não acontecer que, ao arrancar o joio, com ele arranqueis também o trigo. Deixai-os crescer juntos até a colheita".[18] O joio tem raízes e estão tão entrecruzadas com as do trigo que não se poderiam arrancar umas sem se arrancarem ao mesmo tempo as outras.

Grün enfatiza: aquele que aspira a ser impecável juntamente com suas paixões arranca todo o seu dinamismo. Esvazia-se simultaneamente de sua debilidade e de sua força. Muitos idealistas vivem tão concentrados sobre o joio espiritual de suas faltas e sobre a maneira e os métodos de erradicá-la que vivem, de fato, uma vida incompleta. À força de buscar perfeição, esvaziam-se do dinamismo, da vitalidade, da cordialidade. O joio pode ser nossas próprias sombras, toda a negatividade com que eliminamos o que nos era incômodo e não rimava com nossos ideais prefixados. Se conseguirmos reconciliar-nos, juntamente com o joio poderá crescer o trigo bom no campo de nossa vida. No tempo da colheita, com a morte, Deus virá para fazer a separação, para jogar o joio no fogo. Não nos é permitido queimá-lo antes do tempo, porque anularíamos também uma parte de nossa vida.[19]

Portanto a espiritualidade de baixo busca, acima de tudo, conseguir abrir-se às relações pessoais com Deus no ponto preciso em que se esgotam e se fecham todas as possibilidades humanas. Então, a autêntica oração brota das profundezas de nossas misérias e não dos cumes de nossas virtudes. Ajudando-nos a conhecer

---

[18] Mt 13,29-30.
[19] Cf. GRÜN, A. & DUFNER, M. *Espiritualidade a partir de si mesmo*, cit., pp. 25-27.

nossa própria verdade e a viver interiormente integrados, tal experiência se refletirá em nossas relações interpessoais e no trato com a criação.

ASPECTOS PSICOLÓGICOS DA ESPIRITUALIDADE DE BAIXO

Grün volta a lançar mão da experiência psicológica de Carl Gustav Jung. Jung recorda-nos constantemente que o caminho para uma verdadeira "hominização" passa pelas regiões inferiores do mundo interior e chega ao inconsciente. Em determinada ocasião chega a citar Ef 4,9: "Que significa 'subiu', senão que ele também desceu às profundezas da terra?". Acredita que a psicologia, tão criticada por muitos cristãos, tem exatamente os mesmos objetivos do texto aludido. Pinta-se a psicologia com cores tão intensamente negras porque, em consenso total com a afirmação do símbolo cristão, ensina que ninguém pode subir se antes não desceu.[20]

Por conseguinte, o caminho para Deus passa, segundo Jung, pela descida às obscuridades do sujeito, ao inconsciente, ao reino das sombras. A partir dali, pode emergir novamente o *eu* amplamente enriquecido. Trata-se de uma lei da vida: não podemos encontrar-nos com nosso *eu* e com Deus se não tivermos a ousadia de descer à região sombria de nossas faltas e às obscuridades do inconsciente.[21]

A humildade é, para Jung, a coragem de encarar de frente as próprias sombras. O autoconhecimento exige amargas práticas de humildade. Sem humildade eliminam-se da própria imagem os defeitos e os aspectos sombrios, mas só o reconhecimento das próprias debilidades pode proteger contra os mecanismos excludentes de que nos servimos para dissimular nossas sombras. É preciso grande dose de humildade em relação ao inconsciente. Aquele que

---

[20] Cf. JUNG, C. G. *Gesammelte Werke*, XVIII/2. Olten, 1981. p. 733. Citado por: GRÜN, A. & DUFNER, M. *Espiritualidade a partir de si mesmo*, cit., p. 48.

[21] Cf. Id., ibid. Citado por: GRÜN, A. & DUFNER, M. *Espiritualidade a partir de si mesmo*, cit., pp. 48-49.

pretende ignorar o inconsciente aparece ridiculamente pretensioso. O orgulhoso identificado com símbolos arquetípicos tem como único meio de cura que o modelo lhe caia na cara, ou que sofra um descalabro moral ou que sucumba ao pecado.

Por isso Jung acredita que a humildade é condição prévia para desenvolver sentimentos de confiança e aceitação nos outros. O orgulho, ao contrário, atua como isolante, desconecta-nos da comunicação humana e do contato com as pessoas:[22]

> Parecem pecados contra a natureza tanto encobrir os defeitos como viver exclusivamente num complexo de inferioridade. Parece existir algo assim como uma consciência de humanidade, um saber-se humano, que ratifica em seus sentimentos aquele que jamais e em parte alguma renuncia ao orgulho — virtude da auto-afirmação e da autoconsolidação do próprio *eu* — e se nega a aceitar sua condição humana defeituosa. Sem essa confissão de humildade, o sujeito fica isolado, separado por um muro insuperável do sentimento vivo de ser humano entre os humanos.[23]

Comentando as palavras de Jung, diz Grün:

> Só me é possível viver em comunidade com os demais humanos quando estou disposto a associar-me a eles, aceitando-me como sou, com minhas debilidades e limitações. Enquanto persistir na tentativa de encobrir meus pontos fracos, minhas sombras, o negativo, não poderei jamais estabelecer com os outros a não ser contatos superficiais. O coração permanecerá intacto.[24]

Nesse sentido, alude ao que diz Jung sobre a humildade nas relações interpessoais. Jung considera que a humildade é uma condi-

---

[22] Cf. id., ibid. Citado por: Grün, A. & Dufner, M. *Espiritualidade a partir de si mesmo*, cit., pp. 49.

[23] Jung, C. G. *Gesammelte Werke*, XVI. Zürich, 1958. p. 63. Citado por: Grün, A. & Dufner, M. *Espiritualidade a partir de si mesmo*, cit., p. 49-50.

[24] Grün, A. & Dufner, M. *Espiritualidade a partir de si mesmo*, cit., p. 50.

ção prévia e indispensável para as relações comunitárias humanas. A alguém que lhe solicita uma entrevista inadiável, escreve:

> Se você se sente isolado, é porque você mesmo se isola. Tenha um pouco de humildade e sensibilidade, e verá como nunca terá de lamentar sua solidão. Não há coisa que mais nos isole e distancie dos demais do que apresentar-nos perante eles com ostentação de poder e de prestígio. Procure inclinar-se um pouco, aprender um pouco de sensibilidade e nunca estará sozinho.[25]

Grün oferece a contribuição de outro estudioso a fim de conferir maior solidez à sua exposição. Por isso cita o psicanalista Alberto Görres, que dá às palavras de Tertuliano *caro cardo salutis* [*a carne é eixo de salvação*], a seguinte interpretação: a carne impulsiona-nos constantemente à aceitação, na humildade, de nossa condição humana. A espiritualidade de baixo leva muito a sério a terrenidade do ser humano. Não somos anjos, mas seres humanos, homens nascidos da carne. O próprio Jesus Cristo fez-se carne. É exatamente a carne, porta de entrada e de saída de nossos afetos e paixões, que se converte em eixo de salvação. Sem esse eixo não é possível o giro para a conversão. O impaciente, o iracundo, o insatisfeito ou o ambicioso recebem, nesses afetos, como uma receita, uma escala de valores onde podem ler, como os enfermeiros lêem a febre no termômetro, até onde chegam sua insuficiência, sua ingratidão, suas falsas aspirações. Esses afetos são, por um lado, incuráveis. Por outro lado, porém, são medicinais, porque em cada aparição oferecem a oportunidade de uma purificação e mudança de sentido no curso da vida.[26]

Grün comenta como a corporalidade ensina os seres humanos a relativizar suas aspirações e grandes ideais:

---

[25] JUNG, C. G. *Briefe*, III. Olten, 1973. p. 93. Citado por: GRÜN, A. & DUFNER, M. *Espiritualidade a partir de si mesmo*, cit., p. 50.

[26] Cf. GÖRRES, A. Der Leib und das Heil: caro cardo salutis. In: RAHNER, K. *Der Leib und das Heil*. Mainz, 1967. pp. 21ss. Citado por: GRÜN, A. & DUFNER, M. *Espiritualidade a partir de si mesmo*, cit., p. 7.

O corpo obriga muitos a compreender que são tipos comuns e não as grandes personagens que se imaginam. Protege contra a tentação de endeusamento, com pretensões de ocupar o lugar de Deus. Nossa total dependência dos outros, os quais não estão obrigados a estar à nossa disposição, e nossa radical carência de autarquia nos protegem contra o prazer de julgar-nos semelhantes a Deus, contra o enganoso orgulho do endeusamento que derrubou num instante os anjos, mas no qual muitos seres humanos vivem por longos anos: ditadores, faquires, professores. Fome e sede, aspirações e desejos insatisfeitos nos dão, a cada momento, a prova evidente de não sermos deuses. Por sorte a debilidade humana faz com que também suas maldades sejam fracas. A miséria corporal robustece nossos desejos do céu.[27]

Hoje, em muitos cristãos, volta a tentação de querer prescindir do corpo e viver uma vida humana e espiritual procurando ser como anjos: esse seria ideal deles. Contudo a verdade é que nosso itinerário para Deus e nossa comunicação interpessoal passam pela realidade da carne.

Desenvolvimento de uma espiritualidade de baixo

Com a espiritualidade de baixo quer-se afirmar que em todos os nossos movimentos afetivos, em nossas enfermidades, feridas, traumas, em tudo quanto fazemos e buscamos, em nossas decepções, quando comprovamos que as possibilidades humanas têm um limite, o que estamos fazendo é buscar a Deus.[28] Como paradigma dessa espiritualidade, Grün serve-se da fábula dos três idiomas, a qual fala de um jovem ingênuo que é mandado por seu pai a girar pelo mundo, a fim de que aprenda algo. O jovem retorna sucessivamente por três vezes à casa do pai, e quando este lhe pergunta o que aprendeu, na primeira vez responde: "aprendi a entender o que dizem os cães quando ladram". Na segunda

---

[27] Grün, A. & Dufner, M. *Espiritualidade a partir de si mesmo*, cit., p. 53-54.
[28] Cf. id., ibid. p. 67.

vez, responde: "aprendi a entender o que os pássaros dizem uns aos outros quando cantam". Na terceira vez, responde: "aprendi a entender o que dizem as rãs umas às outras quando coaxam". Perante tais respostas, o pai sente-se profundamente contrariado, e despede o filho. O jovem sai de casa, sem rumo fixo, e chega a um castelo onde, por acaso, pernoita. O dono, porém, não dispõe de quartos livres; resta-lhe apenas a torre do castelo, e nela há cães tão ferozes que já devoraram mais de um incauto. O jovem não se atemoriza. Recebe algo para cear e entra, sem medo, na torre. Os cães começam a ladrar furiosamente, mas ele se põe a dialogar serena e amistosamente com eles. Desce a calma e, a seguir, os cães lhe confiam o segredo deles: ladram com tamanha fúria porque guardam um tesouro que existe escondido ali. Guiam-no pelo caminho do tesouro, mostram-lhe o lugar e até o ajudam a desenterrá-lo.[29]

Nosso autor convida-nos a viver de acordo com a moral que se depreende da fábula, começando por estabelecer um diálogo com todas as nossas inclinações naturais, com nossas enfermidades, feridas e traumas. Nesse diálogo poderíamos perguntar e discutir acerca do que Deus pretende dizer-nos através de cada uma dessas situações anímicas e de que maneira quer utilizá-las como guias para levar-nos a descobrir o tesouro enterrado no fundo da torre de nossa existência. Porque o certo é que jamais poderemos descobrir esse tesouro sem descer ao fundo de nossa realidade. Grün observa como muitas pessoas sobrevoam a torre, tentando descobrir o tesouro lá em cima, na superfície. Contudo, caem precipitadamente, sem tê-lo encontrado. Outras buscam sofregamente ideais fora de si e nunca logram estabelecer contato com a verdade de si mesmos. Exploram esses ideais a fim de satisfazer suas ambições. Às vezes obtêm grandes resultados inegáveis no exterior de si, mas

---

[29] Id., ibid. pp. 56-57. O mesmo autor aplica esta fábula à vida religiosa. Podemos lê-la em: GRÜN, A. & SARTORIUS, C. *Para gloria en el cielo y testimonio en la tierra. La madurez humana en la vida religiosa*. Estella, Verbo Divino, 2001. pp. 55-109.

não alcançam o descobrimento de seu verdadeiro *eu*. Seu próprio interior continua sendo um mistério. Vivem, de fato, à margem de sua própria realidade e da vocação a que Deus os chamou. Certamente, para Grün, deveríamos começar por nos deixar orientar pelos latidos dos cães da torre, segui-los até o fundo e ali deixar que eles mesmos nos apontem o lugar exato onde está enterrado o tesouro. Os cães selvagens, longe de causar-nos dano, deixarão de ladrar, e eles mesmos nos ajudarão a desenterrá-lo.[30]

Diálogo com os pensamentos e sentimentos

Grün considera que esta espiritualidade coloca o indivíduo à escuta de Deus, atento à sua voz, que se faz sentir e fala mediante nossos pensamentos, sentimentos, inquietudes e desejos. Deus fala-nos através de tudo. Somente prestando muita atenção aos matizes de sua voz é que poderemos descobrir a imagem que ele formou de cada um de nós. Não é lícito menosprezar as emoções ou paixões, porque tudo está cheio de sentido. O importante é conseguir captar e decifrar a mensagem que Deus nos manda por meio delas. Há os que se consideram culpados de sentimentos que poderíamos chamar de negativos, como podem ser a cólera, a ira, a inveja, a apatia. E procuram, "com a graça de Deus", dominar essas paixões e afastar-se delas. Aqui, nós as contemplamos a partir de outra perspectiva: não tentar reprimi-las, mas reconciliar-se com elas. Com efeito, todas podem contribuir para ajudar-nos no caminho rumo a Deus. A única condição indispensável é colocar-se em meio a elas, dialogar e perguntar que mensagem trazem e o que querem transmitir-nos da parte de Deus.[31]

A partir dessa espiritualidade, Grün propõe três caminhos ou métodos para tratar os pensamentos e os sentimentos. Em primeiro lugar está o *diálogo com os pensamentos e os sentimentos*. Em

---

[30] Cf. GRÜN, A. & DUFNER, M. *Espiritualidade a partir de si mesmo*, cit., pp. 57-58.

[31] Cf. id., ibid. pp. 70-71.

segundo, *a descida até o fundo das emoções e dos sentimentos*, agüentando ali, até vê-los transformados em faróis luminosos que me façam ver a Deus. Em terceiro lugar, *a submissão diante de Deus*, a confissão do próprio nada e, conseqüentemente, a necessidade de colocar-me nas mãos de Deus, a necessidade de mergulhar ao fundo da fonte.[32]

Em conseqüência, Grün acredita que não existe outro tratamento para os impulsos instintivos que não seja esta forma de viver em contato com nossas realidades mais íntimas, o que, em vez de reprimir nossos impulsos, pretende transformá-los, criando sentido e, ao mesmo tempo, curando o mais profundo do homem. De fato, a verdadeira ascética[33] não é renúncia e mortificação, mas aprendizagem na arte de tornar-nos humanos e na arte de desfrutar.[34]

Diálogo com as enfermidades

Grün trata este ponto em seu livro *La salud como tarea espiritual. Actitudes para encontrar un nuevo gusto por la vida* [*A saúde como tarefa espiritual. Atitudes para encontrar um novo gosto pela vida*].[35] A enfermidade, escreve nosso autor, é um símbolo mediante o qual a alma se expressa. Portanto, para Grün, aquele que é capaz de interpretar a linguagem simbólica da enfermidade recebe, através dela, uma informação direta e boa para se conhecer melhor. Pode compreender suas verdadeiras necessidades e desejos, e pode ver até onde os desloca. O corpo está indicando ao indiví-

---

[32] Cf. id., ibid. pp. 70.

[33] Entendemos a ascética como esforço e exercício para adquirir uma habilidade, diálogo e abertura para si mesmo e para a graça de Deus em si mesmo, não como luta contra vícios e pecados.

[34] Cf. GRÜN, A. & DUFNER, M. *Espiritualidade a partir de si mesmo*, cit., pp. 83-84.

[35] Cf. GRÜN, A. & DUFNER, M. *La salud como tarea espiritual. Actitudes para encontrar un nuevo gusto por la vida*. Madrid, Narcea, 2000. pp. 17-46.

duo, por meio da linguagem simbólica da enfermidade, a situação real, em quais setores ele vive em desacordo com seus pensamentos, sentimentos e representações de uma vida plenamente realizada.[36] Em outro lugar Grün diz que "a enfermidade é o cão que ladra furioso no interior de nossa torre e não cessará de latir até que concordemos em ir juntos com ele em busca do tesouro".[37]

Para Grün, a enfermidade transmite uma importantíssima informação sobre a verdadeira situação da pessoa. Grün sugere a necessidade dessa mensagem informativa sempre que nos fazemos surdos à voz de Deus, que nos chega pela consciência ou pelos sonhos. Se vivemos à margem de nós mesmos, se desviamos os pensamentos que tentam aflorar para informar-nos de que o que estamos fazendo não coincide com, nem responde a, nossos ideais de vida, assim estamos obrigando Deus a falar mais alto, para que não tenhamos mais remédio senão ouvi-lo. Então, ele precisa dizer-nos a verdade pura e dura sobre nosso estado e sobre nossa vida, servindo-se, para isso, da linguagem simbólica de uma enfermidade. Portanto, a enfermidade poderia converter-se em importante fonte de informação para o autoconhecimento.[38]

Grün aconselha perguntar à enfermidade o que ela pretende dizer-nos. A enfermidade é um transtorno somático que aponta para outros transtornos psíquicos no interior. Teegen aconselha iniciar um diálogo livre com esses transtornos. Que mensagens trazem os sintomas da enfermidade? Que coisas existem em mim que não funcionam bem? Em que estou me prejudicando? A que coisas não dou a devida atenção? De quais outras necessito e que poderiam fazer-me bem? Podemos dialogar com os sintomas da enfermidade e perguntar-lhes de que eles querem libertar-nos, de que peso vêm aliviar-nos.

---

[36] Cf. id., ibid. pp. 18-19.
[37] GRÜN, A. & DUFNER, M. *Espiritualidade a partir de si mesmo*, cit., p. 89.
[38] Cf. GRÜN, A. & DUFNER, M. *La salud como tarea espiritual...*, cit., p. 19.

Muitos dos sintomas têm por finalidade modificar o meio e provocar determinadas reações. Qualquer sintoma pode ser um meio ideal de manipulação de outros ou de prevenção contra determinadas ações em nós mesmos, ou para coagir outros a que nos libertem delas. Diante de uma alteração orgânica, podemos perguntar-nos: de que queres libertar-me, ou: que posso fazer com tua ajuda? Para que tenho necessidade de ti? Aquele que dialoga dessa forma com eventuais transtornos pode receber surpreendentes respostas. Pode aprender, por exemplo, que se podem tirar indiretamente vantagens de uma moléstia corporal, que este transtorno pode reforçar a decisão de modificar as condutas, de maneira que, por um lado, ajudem positivamente na consecução dos próprios objetivos e, por outro, sejam menos destrutivas.[39]

No entanto, Grün adverte que o diálogo com o próprio corpo, em caso de transtornos psicossomáticos, não deveria estabelecer-se somente em nível racional, porque então se cederia facilmente à tentação de querer explicá-lo todo e freqüentemente de maneira egoísta. Muito melhor é considerar com atenção interior o corpo como órgão exterior da alma. Assim, a enfermidade coloca-nos em contato íntimo com nosso corpo. Muitas vezes aparecem enfermidades por falta de atenção às mensagens do corpo, por não termos vivido dele e com ele, mas à margem dele. A enfermidade que surge vem como um imperativo, reclamando maior atenção a nós mesmos, e a fim de afinar a percepção do nosso corpo como expressão exterior da alma.[40]

Grün afirma que uma enfermidade pode ajudar-nos notavelmente a descobrir nossos pontos negativos, nossas próprias sombras.[41] Muitas vezes uma enfermidade é expressão viva de

---

[39] TEEGEN, G. F. *Ganzheitliche Gesundheit. Der sanfte Umgang mit uns selbst.* Hamburg, 1984. p. 256. Citado por: GRÜN, A. & DUFNER, M. *La salud como tarea espiritual...*, cit., p. 20.

[40] Cf. GRÜN, A. & DUFNER, M. *La salud como tarea espiritual...*, cit., p. 21.

[41] Cf. GRÜN, A. *Nuestras propias sombras. Tentaciones. Complejos. Limitaciones.* Madrid, Narcea, 2001.

nossas carências, revela-nos o que excluímos de nossa vida. Na enfermidade, o que foi excluído e anteriormente reprimido torna-se presença e voz, a fim de indicar-nos quais elementos necessitam ser integrados na vida consciente.

Os psicólogos atuais falam da "enfermidade de não poder adoecer", que às vezes desemboca em uma grave e repentina prostração, na morte por infarto na flor da idade, após longos anos de aparente saúde. Por conseguinte, explica Grün, a possibilidade de cair doente pode converter-se em proteção contra a autodestruição psíquica e em regulador salva-vidas. A enfermidade nos obriga a aceitar nossas limitações e a adotar como norma de vida a medida exata que nos faz bem e nos conserva sãos.

Essa função positiva da enfermidade só pode ser efetiva se se vive de maneira reflexiva, com atenção à enfermidade e à interpretação de sua linguagem. Se caímos doentes e prestamos atenção à mensagem da enfermidade, chegaremos a compreender melhor nossa situação atual, e isso nos permitirá viver uma vida mais autêntica.[42]

Nosso autor, prevenindo da fonte de nossas enfermidades, diz assim:

> As causas mais freqüentes da aparição de enfermidades são as inibições agressivas, a inibição do prazer, dos desejos e das necessidades. Aquele que não sabe controlar seus impulsos agressivos, seus desejos de prazer e suas necessidades, necessariamente adoece. Um falso ascetismo, amplamente difuso entre os cristãos, é o responsável por essas inibições. Ocorre quando se vetam o prazer e a satisfação das necessidades. Uma necessidade não atendida pode clamar por seus direitos de maneira simulada durante a enfermidade.[43]

---

[42] Cf. GRÜN, A. & DUFNER, M. *La salud como tarea espiritual...*, cit., pp. 21-23.
[43] Id., ibid. p. 23.

Grün conclui que as enfermidades nos indicam algo importante a fazer: viver perante os outros a liberdade recebida de Deus, e desfrutar dos encantos da vida.[44]

Grün deixa claro, porém, que a interpretação psicossomática da enfermidade não é nem pode ser exclusiva. Na mesma linha, escreve e, por sua vez, nos esclarece que é indispensável enfrentar o inevitável, que seria adoecer, dada a nossa condição humana lábil, propensa a enfermar-se; freqüentemente não nos resta senão aceitar a enfermidade, vendo nela um sinal que nos fala de Deus e nos recorda nossa dependência em relação a ele. Quando isso acontece, nada mais resta a fazer senão aceitar a enfermidade e oferecer-se a Deus juntamente com ela. A enfermidade obriga-nos a depor todas as armas humanas e a render-nos diante de Deus, posto que não seja tarefa fácil colocar-se confiadamente em suas mãos, enquanto persiste a enfermidade. A partir dessa experiência, renunciamos a toda investigação sobre as causas, afastamos da mente todo sentimento de culpabilidade e nos colocamos simples e confiantemente nas mãos de Deus. Os caminhos de Deus não são nossos caminhos. A enfermidade é um encontro com Deus que nos excede e supera. É preciso romper todas as falsas representações humanas de Deus e de nós mesmos a fim de aceitar e entregar-nos ao verdadeiro Deus, aquele que perturba nossos planos e representações. A fim de introduzir-nos totalmente em sua verdade, onde encontraremos, no fim, a satisfação plena de todos os nossos desejos.[45]

Tratamento de nossas feridas e traumas

Grün trata dessa terapia das feridas em diferentes lugares de seus escritos; poderíamos dizer que é um dos temas privilegiados de nosso autor, porque reconhece que aqui está a fonte daquilo

---

[44] Cf. id., ibid. p. 31.
[45] Cf. id., ibid. p. 46.

que faz as pessoas adoecerem. Diz que a espiritualidade de baixo ensina à pessoa um novo comportamento perante a realidade de suas feridas.[46] Por isso observa que não existe ninguém sem cicatrizes e marcas de golpes da vida. Um, por exemplo, recebeu maus-tratos em sua infância, sem poder fazer nada para proteger-se. A outro, tomaram-no como objeto de troças e jamais foi levado a sério. Quiçá um terceiro foi objeto de abusos sexuais. Para John Bradshaw, as feridas mais graves são as do espírito, quando uma pessoa não se sente respeitada em sua unicidade, ou seja, não é levada a sério em sua singularidade e em sua particularidade.[47]

Conseqüentemente, observando como as feridas afetam a vida dos seres humanos, escreve Grün:

> Muitos se protegem contra as feridas de sua infância com crispações interiores. É uma reação que pode ser necessária para sobreviver, mas que limita, então, as possibilidades que a vida oferece. Outros cuidam muito de conservar bem ocultas suas feridas sob um disfarce opaco. Esse cuidado, quase obsessivo, traz como conseqüência uma vida em constante situação de medo de que a máscara não se sustente e de que a pressão interior produza uma tremenda explosão. Outros se deixam paralisar por suas feridas. Outra coisa não fazem senão volver ao assunto, negando-se a viver em paz e em confiança, por medo de receber novas lesões.[48]

Através dessa forma de vida espiritual, a proposta de Grün consiste em contemplar serenamente qual é o lugar das feridas, onde podemos descobrir o tesouro escondido no fundo de nossa alma:

---

[46] Cf. GRÜN, A. La herida que me abre. La herida como oportunidad. In: GRÜN, A. & MÜLLER, W. (Dir.). *Qué enferma y qué sana a los hombres*. Estella, Verbo Divino, 2000. pp. 91-111.

[47] Cf. id., ibid. p. 103. Ampliamos este aspecto no capítulo Reações perante a falta, quando tratamos das causas da dureza contra si mesmo. Encontramo-lo também desenvolvido em: GRÜN, A. & DUFNER, M. *Espiritualidade a partir de si mesmo*, cit., p. 99. GRÜN, A. *Cómo estar en armonía consigo mismo. Caminos espirituales hacia el espacio interior*. Estella, Verbo Divino, 2001. pp. 23-26.

[48] GRÜN, A. & DUFNER, M. *Espiritualidade a partir de si mesmo*, cit., p. 91.

Minhas feridas me levam a descobrir quem eu sou. Por meio dessas feridas coloco-me em contato com meu coração, me relativizo, descubro a mim mesmo. As feridas rasgam todos os véus das máscaras com que me cobri e deixam a descoberto minha verdadeira identidade. Essa experiência pressupõe uma reconciliação com minhas feridas, a ponto de considerá-las minhas melhores amigas, que me indicam o caminho do tesouro. No lugar exato de minha lesão, encontro-me com minha verdade, comigo mesmo. Ali, sobe à superfície meu verdadeiro *eu*, e faz ouvir sua voz.[49]

Segundo Grün, a vida nos depara com imprevistas decepções, quando menos esperamos. Decepcionamo-nos com nós mesmos, decepcionam-nos nossas falhas e fracassos. Decepcionam-nos a profissão, o cônjuge, a família, a vida em comunidade religiosa ou na paróquia. Há os que reagem com resignação diante dessas decepções, e se acomodam à vida tal como é. Acontece, porém, que, reagindo assim, estão extinguindo a vitalidade e matando a esperança em seu coração. Todas as ilusões da vida são enterradas. As decepções também podem levar-nos ao descobrimento do tesouro interior. Talvez pretendam libertar-nos de nossa condição de sonhadores, dos sonhos dourados sobre nossa personalidade e sobre o futuro de nossas vidas. Quem sabe, olhávamos tudo com lentes cor-de-rosa, e agora vem a decepção. Rompem-se os cristais e aparece nossa vida em sua verdade. A "desilusão" traz à tona a "ilusão" em que vivíamos, e esta se desvanece. Agora, vemos que nossos conceitos pessoais eram vistosos e ridiculamente exagerados, sem ajuste à realidade.

A decepção é, portanto, uma grande oportunidade para descobrir a verdade, o que somos diante de Deus. Naturalmente, toda decepção produz dor, inicialmente, mas nessa dor podemos começar a reconciliar-nos com a realidade e, assim, viver nela, tomar pé, viver de acordo com o que somos.[50]

---

[49] Id., ibid. pp. 92-93.
[50] Cf. id., ibid. pp. 95.

Grün adverte-nos de uma falsa crença, que consiste em acreditar que, ao buscar a cura para as feridas, elas sanariam automaticamente. Por sua vez, recomenda uma maneira de enfrentá-las:

> A terapia consistiria em que as feridas cicatrizassem por completo, em que não tivéssemos de ocupar-nos delas. No entanto, isso é uma imagem ideal, que não faz justiça à realidade. Na verdade, trata-se de transformar as feridas e de adotar uma atitude diferente perante elas. Que eu não seja determinado pelas feridas, mas que estas se convertam em uma oportunidade para sentir mais a mim mesmo como ser humano e para abrir-me a Deus.[51]

Então, Grün resume sua proposta a respeito das feridas e traumas: a experiência da própria impotência e da própria ferida é, evidentemente, a condição prévia para a experiência real de Deus. Nesse caso, já não confundo Deus com meu próprio êxito, com minha própria imagem ideal, mas sinto realmente o Deus de minha salvação, o Deus que me cura e me devolve totalmente a integridade: a mim, que estou destroçado e ferido.

Pois bem, o mistério da graça divina consiste em que Deus quer operar sua salvação nas pessoas, precisamente através de nossas feridas, mediante nossos pontos sensíveis. Contudo, a condição prévia é que tenhamos contemplado de frente nossas feridas e nos tenhamos reconciliado com elas. Talvez nos incomodemos algumas vezes porque carregamos conosco nossas feridas e os demais as descubram e com freqüência ponham o dedo em nossas chagas. No entanto, o que importa não é que sejamos homens e mulheres perfeitos, mas que sejamos plenos e permeáveis à misericórdia e ao amor de Deus. Precisamente nossas feridas, que não podemos ocultar, instam-nos a que, em meio à nossa impotência, coloquemo-nos à disposição de Deus, a fim de que ele aja por meio de nós e,

---

[51] GRÜN, A. *La herida que me abre...*, cit., p. 104.

através de nossas feridas, possa curar também as das pessoas que dia a dia se relacionam conosco.[52]

Experiência perante o próprio nada e o fracasso

Em muitos momentos de nossa vida experimentamos nosso próprio nada. Nesses momentos em que não podemos mais, quando tudo se nos escapou das mãos e a única coisa certa que nos resta é a constatação de nossos fracassos, devemos render-nos e colocar-nos nas mãos de Deus; abrir nossas mãos e apresentá-las bem abertas diante dele. A experiência de Deus não chega jamais como recompensa por nosso esforço. É a resposta de Deus ao reconhecimento e à confissão da impotência do ser humano. A meta de todo caminho espiritual é chegar a colocar-nos nas mãos de Deus.[53]

Apesar de todos os fracassos, continuamos a falar de esforço humano, porque sem o esforço ou o treinamento espiritual — aqui é onde entra a ascese — a graça seria entendida como algo mágico, como um analgésico diante de qualquer dor. Quando chego à convicção de que, não obstante meus esforços, não consigo melhorar na vida espiritual, estou em condições de compreender melhor o significado da graça e de que "tudo é graça".[54]

Para Grün, a ascese não consiste em fazer provas de fortaleza, mas em conhecer os próprios limites, a fim de confiar naquele que é Infinito. Chega a afirmar, seguindo Isaac de Nínive, que, às vezes, a fim de levar o ser humano ao conhecimento de sua debilidade, outro remédio não resta a Deus senão permitir que peque.

---

[52] Cf. id., ibid. pp. 109-111.

[53] Cf. GRÜN, A. & DUFNER, M. *Espiritualidade a partir de si mesmo*, cit., p. 98.

[54] "Princípio paulino (1Cor 15,10. 2Cor 12,9-10), expresso e vivido de modo especial por Teresa de Lisieux e recolhido por Bernanos." Cf. VIDAL, M. *Nueva moral fundamental. El hogar teológico de la ética*. Bilbao, Desclée de Brouwer, 2000. p. 281. GRÜN, A. & DUFNER, M. *Espiritualidade a partir de si mesmo*, cit., p. 98.

Quando já não resta a Deus outra saída, permite o pecado, e o permite para levar o ser humano ao conhecimento profundo de sua debilidade e fraqueza. É o último remédio, e às vezes Deus se serve dele porque sua força se manifesta melhor na debilidade.[55]

Na experiência do pecado, diz Grün, desvanecem-se todas as vãs ilusões formadas sobre nós próprios e sobre nosso caminho espiritual. Nela comprovamos que todo esforço humano não serviu em nada para evitar o pecado, e chegamos à conclusão de que não podemos dar a nós mesmos garantias de não mais pecar. Continuaremos caindo se Deus não nos sustentar. Podemos tentar todos os métodos possíveis, mas sem a ajuda de Deus continuaremos sendo e sentindo-nos sempre débeis. Se somos capazes de chegar a tão sincera conclusão, já não nos resta saída senão entregar-nos a Deus. Tal entrega faz ruir todos os muros de separação que havíamos erguido entre nós e Deus. Ficaremos de mãos vazias, mas será melhor assim, porque nos ajudará a capitular diante de Deus. A culpa será, então, uma "feliz culpa", porque nos convencerá de nosso próprio nada. Não podemos dar-nos garantias confiáveis. O pecado remete-nos com força para Deus, único capaz de transformar-nos.

Grün mostra como, na vida, a questão não está em "reprimir", mas em assumir, dialogar e tomar sobre os ombros nossa própria vida, nossa história biográfica, visto que tudo depende da maneira de interpretar as experiências e de reagir perante elas. Porque podemos interpretar a experiência do pecado como uma traição e reagir com violentas auto-reprovações. Essa reação levar-me-á facilmente a uma situação de depressão interior e de resignação. Podemos reagir diminuindo a importância do pecado. Nesse caso, a vida espiritual ficará aburguesada. Podemos também deslocar o pecado, caso em que nos convertemos em fariseus. A espiritualidade de baixo nos convida a tentar descobrir no pecado a oportunidade oferecida de abrir-nos totalmente a Deus. Certamente, com isso

---

[55] GRÜN, A. & DUFNER, M. *Espiritualidade a partir de si mesmo*, cit., p. 99.

não se está convidando ninguém a pecar conscientemente, esclarece Grün. Devemos lutar, sem descanso, para ser transformados por Deus e, apesar de tudo, voltaremos a ser surpreendidos pelo pecado. Resta-nos, como saída, reconciliar-nos com tal situação, confessar nossas insuficiências na luta pela perfeição, e nessa confissão encontraremos a grande oportunidade de entregar-nos a Deus. Mediante o pecado, Deus faz cair toda a máscara de nosso rosto e derruba os muros de esquematizações artificiais que tínhamos construído. Então podemos apresentar-nos sem máscaras e pobres diante de Deus, para que sua bondade nos dê forma e nos oriente.

Grün observa o paradoxo na vida espiritual que consiste na possibilidade de experimentar a força de Deus em nossa fraqueza. Em nossa ascese, às vezes, temos o sentimento e a autoconvicção de poder seguir adiante sozinhos, na conquista das virtudes. Chega o fracasso e aí nos damos conta da inutilidade de nossos esforços e da absoluta necessidade da graça de Deus. A graça instala-se em nossa fraqueza e se transforma, ali, em força do Espírito.[56]

"A graça não destrói a natureza. Ao contrário, edifica sobre ela e aperfeiçoa-a. Pode ser também operante sobre o *eu*, levando-o à estaca zero de suas profundidades", diz-nos Grün.[57] Fuchs e Werbik falam da "graça da estaca zero": o fracassado não tem mais nada a perder. Não precisa ter nenhuma falsa consideração. Aquele que aceitou seu fracasso pode experimentar a "graça da estaca zero". Sente-se completamente liberado das opiniões e esperanças dos demais. Pode começar de novo. Caiu fora das "falsas considerações de opiniões e 'panelinhas', assim como dos entrelaçamentos e interdependências de interesses". Neste momento está, finalmente, aberto à graça de Deus, que o toca para uma vida nova, que não mais precisa orientar-se pela opinião dos outros, mas apenas pela vontade de Deus. Agora, ele pertence exclusivamente a Deus, e não às pessoas e a suas expectativas, e ouve somente a Deus, e não às

---

[56] Cf. id., ibid. pp. 99-100.
[57] Id., ibid. p. 101.

muitas vozes das pessoas que gostariam de recuperá-lo novamente para o "campo das virtudes".[58]

Muitos de nós tivemos a experiência de como nossos esforços humanos só produziram desconfiança perante a ineficácia na consecução de nossos desejos. O contrário acontece-nos diante de nossas faltas e fracassos: costumamos condenar-nos ou fechar os olhos. Grün propõe que seria melhor tomar cuidadosamente entre as mãos os fragmentos de nossa vida, porque ainda é possível, com eles, formar nova figura. Muitos têm a impressão de encontrar-se sentados em meio à vida como perante um monte de escombros, e reagem de maneira passiva. Os fragmentos, porém, podem unir-se de novo. Talvez a figura anterior tinha a pele demasiado fina e teve de rebentar. O fracasso oferece nova oportunidade. Geralmente, aprende-se mais com os fracassos do que com os êxitos. Uma vida de êxitos é, segundo C. G. Jung, o pior inimigo da transformação. Por meio dos fracassos e das infidelidades se chega à conclusão de que somente Deus pode edificar sua casa, a casa de sua glória, com as ruínas de nossa vida.[59]

Nesse sentido Grün recomenda que, se apesar dos esforços, nos surpreendemos nas mesmas faltas, ou recaímos no mesmo pecado, não podemos imputar o fracasso ao egoísmo. Em vez de injuriar-nos será mais saudável estender as mãos abertas para Deus. Indica como trabalho ascético: não olhar nossos pecados, mas contemplar a misericórdia de Deus, que nos ama, não obstante nossos pecados. Já não somos nós mesmos, com nossos esforços, que nos tornamos bons, mas é Deus quem nos transforma. É quem nos abre a ele por meio de nossos fracassos e pecados, mediante nossos erros e decepções, para que cessemos, finalmente, de misturar Deus com nossas virtudes, e nos entreguemos definitivamente a ele. Nessa esfera, encontraremos o verdadeiro Deus, o Deus que nos acolhe

---

[58] Cf. FUCHS, G. & WERBICK, J. *Scheitern und Glauben. Vom christlichem Umgang mit Niederlagen.* Friburg, 1991. pp. 98-99. Citado por: GRÜN, A. & ROBBEN, M. M. *¿Fracasado? ¡Tu oportunidad!* Estella, Verbo Divino, 2001. p. 128.

[59] Cf. GRÜN, A. & DUFNER, M. *Espiritualidade a partir de si mesmo*, cit., p. 104.

para nos dar vida e libertação. Esta experiência compromete-nos a criar vida e libertação nos ambientes onde se desenvolve nossa existência quotidiana.[60]

CRITÉRIOS PARA UMA ESPIRITUALIDADE TERAPÊUTICA

Grün desenvolve esses critérios fundamentalmente em seu livro *La salud como tarea espiritual. Actitudes para encontrar un nuevo gusto por la vida* [A saúde como tarefa espiritual. Atitudes para encontrar um novo gosto pela vida].[61]

Diz que uma espiritualidade valoriza-se a partir dos efeitos que produz na psique dos indivíduos que a praticam, em seus relacionamentos mútuos, em seu trabalho e em seus compromissos com o mundo. Partindo da tradição monástica, com acento beneditino, nosso autor expõe alguns critérios que nos permitem diagnosticar quando nos encontramos ante uma autêntica religiosidade. Tais critérios, por sua vez, ajudam-nos a dinamizar nossas vidas, mantendo-nos sãos, e a relacionar-nos com Deus, com nós mesmos, com a criação e com os outros de maneira construtiva, deixando que o espírito de Jesus impregne essas relações.[62]

Ser mistagógica e não moralizadora

Para Grün, uma espiritualidade é mistagógica quando "inicia" ou introduz o indivíduo no mistério de Deus e no mistério da pessoa. A partir da perspectiva histórica, a espiritualidade sempre foi mistagógica. Seu objeto era a introdução do ser humano na experiência de Deus. Todas as práticas ascéticas eram meios para remover os obstáculos que impediam ou dificultavam esse encontro com Deus. Nosso autor observa que os ensinamentos sobre

---

[60] Cf. id., ibid. p. 104-105.
[61] Cf. GRÜN, A. & DUFNER, M. *La salud como tarea espiritual...*, cit., pp. 99-130.
[62] Cf. id., ibid. p. 99.

os "oito" pecados capitais[63] no monacato antigo não devem ser entendidos como espiritualidade moralizante, mas sim mistagógica, porque não se tratava de uma técnica para evitar faltas, mas de orientações para facilitar um contato mais íntimo com Deus e um encontro mais real com a verdade de si mesmo.

Segundo as mesmas palavras de Grün, a espiritualidade mistagógica é uma auto-experiência nova e saudável, vivida em contato e união com Deus. A ascese é uma ajuda, uma introdução do ser humano na união com Deus e, dentro desta, na unidade consigo, com todos os demais e com toda a criação.[64]

Em contrapartida, a espiritualidade moralizadora tem como principal objetivo evitar as faltas e pecados. Parte do ideal de perfeição moral e está constantemente criando escrúpulos de consciência. O mais grave erro nos últimos séculos tem sido a equiparação de fé e moral. Isso não aconteceu no primeiro milênio de existência da Igreja. O objetivo de então era a experiência espiritual e a união com Deus.

A espiritualidade mistagógica tem por objeto as experiências da vida espiritual, dom incomparável de Deus. Quanto mais importância se der à moralização, tanto menor espaço resta para a vitalidade. Observa que, se os sacerdotes celibatários, incluídos papas e bispos, consideram como sua principal ocupação cantar as excelências da moral sexual, especialmente nas mulheres, na realidade o que estão fazendo é falar muito mais de sua situação psíquica, de suas sombras negativas e de sua carência de espiritualidade do que da motivação de suas exigências morais. É evidente que não existe vida espiritual sem vida moral. Contudo a moral é uma conseqüência da vida no Espírito, e não o contrário.[65]

---

[63] "Gula, luxúria, cobiça, tristeza, ira, preguiça, vanglória, orgulho." Cf. GRÜN, A. *Nuestras propias sombras...*, cit., pp. 57-74.
[64] Cf. GRÜN, A. & DUFNER, M. *Espiritualidade a partir de si mesmo*, cit., pp. 98-99.
[65] Cf. id., ibid. p. 100.

O mais saudável seria anunciar de maneira crível a vida em plenitude que Cristo nos trouxe — a experiência da mensagem libertadora de Jesus. Esse é o melhor instrumento nas mãos de Deus para que toque com sua graça os corações, levando-os à conversão e à renovação, que os cumulará mais de esperança do que todas as tentativas moralizadoras.[66]

Espiritualidade libertadora e não asfixiante

Para Grün, uma espiritualidade que pretende inspirar-se no espírito de Jesus tem de tender necessariamente a introduzir as pessoas na liberdade dos filhos de Deus. Se somos filhos de Deus, já não somos nascidos dos princípios e tendências das pessoas. Fomos libertados, portanto, de toda coação à auto-afirmação, e somos livres para comportar-nos de acordo com o paradigma descrito por Jesus no sermão da montanha. Este é somente um ideal.

Ora, muitas vezes essas palavras não ressoam construtivamente, mas são palavras exigentes, destrutivas, que geram, freqüentemente, estados de neurose, porque, se desejamos ser fiéis a esse ideal, precisamos eliminar tudo o que é negativo e afastar todas as sombras, o que desgarra o coração e desintegra a personalidade, produzindo pessoas neuróticas.[67]

Juan Torello, em sua descrição da espiritualidade neurótica, oferece critérios interessantes para identificar seus sintomas.

O neurótico confunde o ideal de perfeição com a ausência de faltas. O que ele ama é unicamente o ideal do próprio *eu*, idealizado, enganando-se a si mesmo ao pensar que ama o verdadeiro ideal. Nesse engano não é capaz de conseguir a paz e o equilíbrio. Sua religião é uma religião de angústia e nela não alcança "o amor que exclui todo temor".[68] Se aferra ao dever a fim de fugir

---

[66] Cf. id., ibid. p. 101.
[67] Cf. id., ibid. pp. 102-104.
[68] 1Jo 4,18.

da angústia. O motivo do dever é mais forte do que o motivo do bem. Em sua busca de segurança coloca toda a confiança e fé no cumprimento do dever como refúgio do narcisismo e do amor próprio amorfo.

O neurótico padece de contínuos sentimentos de culpabilidade, independentemente de ter cometido ou não tais faltas, e se angustia por pequenas faltas sem importância, ao passo que, muitas vezes, é excessivamente indulgente com faltas verdadeiramente graves. Outras vezes pratica a penitência, mas muito mais por faltas das quais foge do que pelo bem que poderia fazer, considerando-se, amiúde, como vítima sacrificada.

O neurótico não sabe o que é a paciência, nobreza da alma. Não entende por que tem de aceitar as leis do crescimento lento ou confiar-se na Providência. Com freqüência se mostra intratável, e esse mau humor o está lisonjeando no fundo de seu amor próprio.[69]

Uma espiritualidade neurótica prescinde do negativo no indivíduo e se agarra exclusivamente a seus ideais, impossível de conseguir. Devido ao fato de fixar exageradamente o olhar sobre si mesmo e sobre sua perfeição, em vez de olhar mais para a misericórdia do Senhor, chega um momento em que é impossível perdoar as próprias faltas. Nem sequer o saber-se perdoado por Deus o ajuda a sair dessa situação, conclui nosso autor.[70]

Grün, inspirando-se na Regra de são Bento, convida a contemplar muito mais a misericórdia de Deus do que as próprias faltas. Devemos voltar nosso olhar para o amor misericordioso de Deus em vez de entreter-nos na autocomplacência narcisista de nós mesmos. Somente o olhar voltado para a misericórdia de Deus pode fazer-nos interiormente livres e orientar-nos para uma forma de amor saudável.[71]

---

[69] Cf. TORELLO, J. B. Neurose und Spiritualität. *Christ* 34 (1988) 33-35. Citado por: GRÜN, A. & DUFNER, M. *La salud como tarea espiritual...*, cit., pp. 105-107.

[70] Cf. GRÜN, A. & DUFNER, M. *La salud como tarea espiritual...*, cit., pp. 107-109.

[71] Cf. id., ibid. pp. 109-110.

Espiritualidade criadora de unidade e não de divisão

Certamente, para Grün, um elemento de uma espiritualidade higiênica é a tendência a relacionar-nos com todos os demais com sentimentos de irmãos e irmãs. Aquele que se contempla sinceramente no espelho do próprio conhecimento sente-se profundamente solidário com todas as pessoas, identificado com elas nas limitações da natureza humana e nos anseios de libertação e de cura da parte de Deus. Sabe que todos temos fundamentalmente os mesmos desejos e necessidades, a mesma dignidade. Que em todos se oculta um mistério incompreensível, uma semente divina, uma dignidade intocável que ninguém pode arrebatar.

Grün acredita que, quando uma espiritualidade classifica os homens em crentes e não-crentes, em ortodoxos e hereges, em piedosos e dissolutos, em bons e maus, está apresentando todos os sintomas de uma espiritualidade enfermiça, não sã. Jesus jamais fez classificações desse tipo. Até nos publicanos e pecadores descobriu um núcleo de bondade, e suscitou neles desejos de fé.[72]

A fé tem de provocar os fortes e estimular os fracos; assim a entende a tradição beneditina. Por um lado, não deve deixar-nos em paz e, por outro, não pode fazer-nos andar sempre com escrúpulos de consciência. Uma consciência escrupulosa não é sinal de devoção espiritual num indivíduo piedoso. É, antes, sinal de que esse indivíduo anda demasiado ocupado com a perfeição em vez de contemplar a Deus, que o aceita, e celebrar essa aceitação com alegria.[73]

Portanto, o critério de unidade e não divisão diz que a espiritualidade tem, sempre, de demonstrar tendência a criar comunidade. Nunca é coisa privada do indivíduo. Sempre o abre e impulsiona a viver sua espiritualidade em comunidade, na Igreja. A espiritualidade cristã não pode transmitir o verdadeiro espírito de Jesus se não é comunidade, já que Jesus enviou seus discípulos a pregar a

---

[72] Cf. id., ibid. p. 111.
[73] Cf. id., ibid. p. 112.

misericórdia de Deus, dois a dois, juntos. É possível ser profeta solitariamente, a fim de anunciar a palavra de Deus. Contudo, o mensageiro que deseja tornar crível a mensagem de Jesus tem de atuar em grupo, porque somente em grupo experimentamos melhor nossa dependência de Deus e a necessidade de sua misericórdia para viver em comunidade verdadeiramente humana. Por isso é impossível falar da misericórdia de Deus em termos abstratos. É necessário experimentá-la e vivê-la em comunidade. Uma espiritualidade que isola o indivíduo, fazendo-o preocupar-se unicamente com sua santidade pessoal, está em contradição com o espírito de Jesus.[74]

Para viver uma espiritualidade unitiva e não divisória, é de suma importância perguntar-se pelas relações interpessoais humanas, diz-nos nosso autor, já que uma vida espiritualmente sadia e vigorosa necessita de boas relações humanas, cordiais, recreativas, nas quais se possa dedicar aos demais o próprio tempo. Uma amizade profunda e autêntica fertiliza a vida espiritual. Portanto, uma espiritualidade sadia abre-nos à amizade humana e, por meio dela, predispõe-nos a viver a amizade com o homem-Deus em Jesus Cristo, que habitou no meio de nós.[75]

Encarnada e não isolante da realidade

O termômetro que mede uma profunda e sadia vida espiritual é a vida de cada dia. Por essa razão, Grün insiste em que uma espiritualidade higiênica repercute também, necessariamente, na vida diária, com capacitação para fazer bem as coisas, superando as dificuldades inevitáveis no trabalho e nos contatos da vida social. O comportamento perante a realidade é um critério determinante na hora de fazer a avaliação de uma determinada espiritualidade. Se tivermos de viver mudando constantemente de ocupação, a

---

[74] Cf. id., ibid. pp. 112-113.
[75] Cf. id., ibid. p. 113.

fim de evadir-nos da crua realidade, é sinal evidente de que a vida espiritual não funciona. Efetivamente, uma vida espiritual em bom funcionamento deve capacitar o sujeito a dizer sim às ocupações da vida ordinária que Deus nos concede.[76]

Uma espiritualidade encarnada faz notar sua presença no mundo. Configura o mundo, atua com força sanativa sobre suas estruturas e é politicamente uma bênção para os homens, de modo especial para os pobres e marginalizados.[77]

Na vida, tomamos consciência da necessidade de aprofundar uma vida teologal que encha de sentido nossos compromissos intramundanos. Nesse sentido, Grün afirma que o verdadeiro discípulo de Jesus alia-se aos pobres e busca, mediante o compromisso social e político, opor-se às situações injustas. Com esse compromisso não deve, obviamente, fazer-se demasiadas ilusões, pensando que vai mudar o mundo. Todavia, o simples fato de acreditar em um objetivo intramundano nesta vida pode ajudá-lo a trabalhar pacificamente pela melhora da situação social no mundo, sem a raiva infecunda dos violentos.[78]

Espiritualidade buscadora de Deus e não de seus consolos

Grün adverte contra o estancamento espiritual e convida a buscar a Deus a partir de uma fé desnuda, quando diz que existem, atualmente, muitas correntes de espiritualidade que aspiram a introduzir seus membros na experiência de Deus. Nessa expressão se incluem todos os nossos anseios. Colocamo-nos em um caminho espiritual a fim de ter vivas experiências espirituais de Deus. É um desejo legítimo e bom, mas teremos sempre o perigo de ficarmos apegados às vivências e aos sentimentos que chegam a converter-se

---

[76] Cf. id., ibid. pp. 114-115.
[77] Id., ibid. p. 116.
[78] Cf. id., ibid. pp. 116-117.

no mais importante e, assim, deslocam Deus de seu lugar, obstando sua contemplação. É preciso levar muito a sério as advertências dos místicos, quando previnem e falam do perigo de que os pensamentos e os sentimentos ocupem o lugar devido a Deus. Se os pensamentos chegam a converter-se no mais importante, jamais lograremos o encontro com Deus.[79]

A fé carece de experiências; não basta exigir dos homens uma fé firme; é necessário também introduzi-los na experiência de Deus, o que supõe ser capazes de falar dos sentimentos e deixar que estes se expressem no entusiasmo das celebrações litúrgicas. Contudo, não podemos fixar-nos nisso. Essa exemplificação parece-nos importante porque, em muitas ocasiões, os crentes buscamos não ao Deus dos consolos, mas as consolações de Deus. A experiência de Deus, então, não nos compromete. Ao contrário, é vivida com uma verticalidade que nos distancia das realidades terrenas. Conseqüentemente, sugere nosso autor, é necessário superar os sentimentos para chegar à realidade de Deus. Uma espiritualidade cujo objeto é a realidade do verdadeiro Deus e não, em primeiro lugar, os sentimentos, é uma espiritualidade desnuda. Aquele que busca experiências positivas possivelmente não poderá aceitar os ásperos caminhos do deserto, porque neles não sentirá devoção. Contudo, na realidade, o que necessitamos é de orar mais, colocar nossa vida mais confiadamente nas mãos de Deus. Se assim agíssemos, teríamos mais experiências espirituais. Não é possível chegar a Deus a não ser pelo caminho de purificação através do deserto. Fora dele a única coisa que se consegue é ficar dependente das próprias projeções e sentimentos.

Aquele que busca o Deus vivo e verdadeiro sabe que o encontra não nas experiências extáticas, mas no caminho real do amor. Um amor demonstrado no exercício da vida comum, aceitando o trabalho de cada dia e experimentando-o como lugar de encontro com o Senhor. Esse é o termômetro que mede nossa profundidade

---

[79] Cf. id., ibid. p. 117.

espiritual. Portanto, nosso autor enfatiza, com convicção, que a vida é avaliada em função do amor, não em função das experiências místicas. Esse amor modifica nossos comportamentos em relação aos outros e nossas relações com Deus em forma de uma intimidade nova. Um amor que nos abre a Deus abre-nos também aos demais, à vida de cada dia, e manifesta-se no trato mais amável e respeitoso, mediante o qual, a cada dia, o indivíduo deixa aberto o espaço ao outro, para sua realização, e cada um lembra ao outro sua dignidade intocável.

A busca límpida de Deus e nosso relacionamento com ele a partir de nossa verdade despertará em tudo os sinais de uma nova vitalidade, e o amor a Deus adquirirá dimensões mais profundas. Aquele que tudo coloca diante de Deus se sentirá extraordinariamente livre, cheio de vitalidade interior, de paz e de amplitude de horizontes. Saboreará algo, já nesta vida, daquilo que é a plenitude em Cristo, afirma Grün.[80]

Global e não excludente

Para Grün, uma espiritualidade sadia tem de contemplar a pessoa na totalidade de sua realidade. Tudo precisa ser tocado e transformado pela graça da redenção de Cristo. Nesse sentido, é preciso estar atentos às indicações da voz do corpo ou às alterações ou transtornos psicossomáticos. Naturalmente, não se podem identificar espiritualidade e saúde corporal, mas é preciso aceitar como princípio fundamental que o corpo é expressão da alma.[81]

Uma espiritualidade global parte do princípio de ser, ao mesmo tempo, masculina e feminina. Por trás desse princípio encontramos a fonte na psicologia de Jung, a qual pode ajudar-nos a todos nós na vivência de nossa vida espiritual. Segundo Grün, na espiritualidade temos, por um lado, o masculino, que tem sua expressão

---

[80] Cf. id., ibid. pp. 118-122.
[81] Cf. id., ibid. p. 122.

na disciplina ascética, no esforço da vontade, no planejamento e organização da vida espiritual e na tentativa de chegar a controlar as faltas. Por outro lado, o feminino, que permite a vida crescer, não pretende impacientemente fazer tudo, mas deixa espaço livre à ação do Espírito de Deus. Na espiritualidade feminina, o sujeito procede com cautela em relação a si mesmo. Em vez de arrancar violentamente todo o negativo que brota em si, deixa crescer o que é bom e cria as condições necessárias para que se desenvolva e se faça mais forte do que o mal.[82]

Grün sublinha a necessidade desse elemento feminino na fonte da espiritualidade, porque na vida combatemos freqüentemente contra nós mesmos de maneira dura e cruel. Irritamo-nos contra nós próprios porque somos incapazes de perdoar nossas faltas e fraquezas. Deveríamos deixar que se desenvolvesse em nós o aspecto feminino da espiritualidade. Assim, aprenderíamos a ser compassivos com nós mesmos, a conseguir formas gratificantes de oração e de meditação, a tratar-nos com carinho e ternura maternais.[83]

Espiritualidade humilde e não orgulhosa

Para a tradição beneditina, a humildade constitui um critério de discernimento para saber se determinada forma de espiritualidade é ou não autêntica. Um indivíduo pode jejuar e rezar tanto quanto quiser, se assim o necessita, mas diante das pessoas isso não lhe vale de nada. O que verdadeiramente conta é se, em seu trato com os demais, é humilde e agradável, ou se, ao contrário, é suscetível e duro com eles.

Hoje, esse conceito de humildade parece-nos difícil e complicado. No entanto, uma parte da dificuldade desaparece, diz-nos nosso autor, se considerarmos que a humildade significa coragem

---

[82] Cf. id., ibid. p. 124.
[83] Cf. id., ibid. p. 125.

de aceitar a verdade. É a coragem de aceitar que somos humanos e que temos a fragilidade do barro. Aceitar-nos como somos, com nossos pontos fortes e nossos pontos fracos. Para que compreendamos melhor, Grün apresenta-nos a etimologia da palavra humildade: diz que a palavra latina *humilitas* tem relação com a palavra *humus*, terra. Quer dizer que estamos com os dois pés sobre a terra, em contato com ela, com a fecunda mãe-terra. E a palavra *humus* relaciona-se, por sua vez, com a palavra *humor*. A humildade não é aceitação obstinada e teimosa da realidade, mas aceitação com humor. Parte da autocompreensão e leva a uma paz profunda, a um amor misericordioso, a uma alegria serena e ao sentido do humor.[84]

No livro *Espiritualidade a partir de si mesmo*, Grün afirma que o humor nos faz viver conscientes de que tudo é possível em nós, porque fomos formados do barro da terra e, portanto, nunca devemos ter nojo de nada do que é terrestre. Precisamos viver com humor, dado que este nos reconcilia com nossa condição humana, com nossa terrenidade e limitação. No humor reside a possibilidade de alguém colocar-se em harmonia consigo mesmo tal como é. Com efeito, o humor brota do conhecimento de si mesmo, sem máscaras, e protege contra a tentação de alguém considerar a si mesmo como um monumento histórico. Porque, em definitivo, o humor não é questão de caráter, mas de fé. O humor sabe dizer sim a seu destino, consciente de que o nada humano está sustentado pelo tudo de Deus e impregnado de seu amor.[85]

Portanto, dada a frágil condição humana, necessitamos resgatar a humildade, que não condena, mas deixa o outro crescer. Um ser humano humilde, escreve Grün, é aquele que

> se encontrou consigo mesmo, que reconhece sua fraqueza e com ela chegou a compreender a verdade da graça de Deus [...]. Devemos

---

[84] Cf. id., ibid. pp. 125-126.
[85] Cf. GRÜN, A. & DUFNER, M. *Espiritualidade a partir de si mesmo*, cit., pp. 111-119.

esforçar-nos e ser exigentes. Contudo, apesar de todo esforço, chegaremos a compreender que não nos podemos garantir nada, que pela força de nossos próprios recursos jamais chegaremos a ser bons. A humilde aceitação dessa limitação e impotência nos faz livres para Deus e para sua misericórdia. Reconhecemos que tudo é graça e que a graça se manifesta melhor na fraqueza. Isso, no entanto, não significa resignação. Significa liberdade e amplidão de horizontes, paz e alegria. Sentimo-nos livres de toda aspiração violenta e nervosa à própria perfeição. Verdadeiramente, podemos colocar-nos nas mãos amorosas de Deus e descansar tranqüilamente nelas para sempre.[86]

Dessa maneira, uma espiritualidade autêntica é sempre criadora de paz profunda e de alegria serena. Exterioriza-se em comportamentos humildes de abertura e tranqüilidade, de paz e de misericórdia. Lamentavelmente, existem, na atualidade, correntes de espiritualidade tão enfermiças que neurotizam seus adeptos com exigências sem misericórdia, que os atormentam constantemente com escrúpulos de consciência e deixam-nos em permanente estado de fragmentação interior.[87] Esse tipo de espiritualidade é um obstáculo para experimentar o perdão de Deus e, portanto, para viver a reconciliação e o perdão na cotidianidade.

Em contrapartida, se nutrirmos e revisarmos nossa vivência da espiritualidade a partir dos critérios que Grün nos propõe, nossa vida humana e espiritual melhorará no trato com Deus e com os homens, permitindo-nos experimentar o perdão e o amor gratuitos do Pai, tornados realidade na morte e na ressurreição de Cristo. Essa experiência faz-nos viver reconciliados, permite-nos humanizar e permite-nos que humanizemos, ao mesmo tempo, abrindo caminhos de reconciliação em nossos ambientes.

---

[86] GRÜN, A. & DUFNER, M. *La salud como tarea espiritual...*, cit., pp. 127-128.
[87] Cf. id., ibid. pp. 128-129.

Reconciliação e perdão na vida pessoal

Somente deixando-se amar e perdoar por Deus é possível perdoar a si mesmo e aos demais. Olhar de frente o mal, sem que seja mórbida a lembrança, e que daí brote a compaixão para com os demais.

Juan Masiá

4
Reconciliação e perdão na vida pessoal

Este é o tema central do livro de Grün *Si aceptas perdonarte, perdonarás* [*Se aceitas perdoar-te, perdoarás*]. Padre Grün, nos capítulos precedentes, desenvolveu um caminho para que possamos ler a nós próprios, para submergir-nos na incômoda tarefa de reconhecer as feridas e enfrentar as lembranças que as tornam presentes. Por isso, é importante ter em conta, nesse processo, a contribuição tanto da psicologia quanto da espiritualidade.

Para nosso autor, é evidente que não é possível a reconciliação e o perdão conosco se não conseguirmos a reconciliação e o perdão com nós mesmos, de tal maneira que considera premente iniciar um processo de reconciliação e de perdão, de restauração e de cura, que não tem fim em si mesmo: o fim da reconciliação consigo mesmo repousa na edificação da comunidade humana e cristã, e das relações interpessoais.

Nossa própria reconciliação

Para Grün, a mensagem básica de Jesus é a reconciliação: reconciliação das pessoas entre si, reconciliação com Deus e reconciliação do ser humano consigo mesmo.

Grün acredita que a reconciliação consigo mesmo é a tarefa mais difícil que nos espera na vida, visto que significa fazer as pazes consigo, conciliar a luta entre os diversos pensamentos e desejos que se digladiam, tranqüilizar a alma dividida.[1]

Nesse mesmo sentido, nosso autor observa como muitos homens e mulheres vivem irreconciliados:

> Passam a vida em permanente atitude de protesto e de rebelião contra seu destino. Não se cansam de censurar seus pais por não terem recebido deles todo o amor de que teriam necessidade. Acusam a sociedade de não lhes ter facilitado as oportunidades que lhes cabiam dela esperar. E sempre são "os outros" os culpados das próprias desgraças.[2]

O vitimismo é uma característica de nossos tempos e expressa-se numa idéia irrazoável: "As desditas dos seres humanos vêm do exterior, e eles são relativamente incapazes de desfazer-se de suas penas e de suas aflições".[3]

Assim, teremos de crer nessa idéia, que, por um lado, nos faz estar em uma atitude de permanentes vítimas. Por outro lado, dispensa-nos da responsabilidade de nossa própria vida.

Reconciliação com o próprio passado

Grün diz que "a reconciliação consigo mesmo começa pela reconciliação com o passado".[4] Em seu livro *Portarse bien con uno mismo* [*Agir bem consigo mesmo*], afirma que se reconciliar consigo mesmo é reconciliar-se com as feridas do passado. Aprofunda essas idéias dizendo que quem evita tal reconciliação está condenado a transferir para os outros as feridas que recebeu, ou a ferir a si mesmo uma e outra vez. Somente será possível superar esse círculo vicioso quando aceitarmos as feridas e as dores que

---

[1] Cf. GRÜN, A. *Portarse bien con uno mismo*. Salamanca, Sígueme, 2000. p. 80.

[2] GRÜN, A. *Si aceptas perdonarte, perdonarás*. Madrid, Narcea, 2001. pp. 38-39.

[3] AUGER, L. *Ayudarse a sí mismo. Una psicoterapia mediante la razón*. 11. ed. Santander, Sal Terrae, 1987. p. 89.

[4] GRÜN, A. *Si aceptas perdonarte, perdonarás*, cit., p. 40.

delas derivam, quando as recordarmos e as mandarmos embora. Não podemos reconciliar-nos se reprimimos as feridas. Temos de tornar-nos amigos delas. Então, poderemos convertê-las em fontes de nova vida. Ele observa como todos os terapeutas e pastores de almas sabem muito bem quanto tempo precisa passar para que uma pessoa ferida se reconcilie com sua história. Quando se reconcilia, desaparecem todos os mecanismos de autodestruição. O ser humano não precisa ser tão duro assim consigo mesmo: pode ser mais amável, bom consigo próprio e observar atentamente sua vida.[5]

Ora, para Grün, sem perdão não existe reconciliação com o passado. Necessitamos perdoar os que nos fizeram mal: esta é a única maneira de nos ver livres do peso de nosso passado, do hábito de chafurdar as feridas e da influência destruidora dos que nos feriram e humilharam.[6]

Na prática pastoral sacramental, encontramos muitas pessoas que pedem perdão por seus pecados da vida passada, ou voltam a reviver situações e pessoas que as fizeram sofrer. Isso indica a pouca abertura ao perdão e o fato de não haverem assumido o perdão de Deus como tarefa em suas vidas.

Grün indica um elemento necessário para a reconciliação com o próprio passado: perdoar a Deus ou perdoar à imagem falseada de Deus[7] que temos. Nesse sentido diz que muitos crêem que Deus foi injusto com eles, que os deixou agir sem preocupar-se com mais nada, e vivem despedaçados em seu interior, irreconciliados, em permanente protesto contra Deus, de quem fazem o único responsável por seu destino. Finaliza sublinhando esse aspecto, dizendo que a integração de si mesmo com o passado pertence também ao

---

[5] Cf. GRÜN, A. *Portarse bien con uno mismo*, cit., pp. 81-82.
[6] Cf. GRÜN, A. *Si aceptas perdonarte, perdonarás*, cit., p. 42.
[7] Cf. VIDAL, M. Las falsas imágenes de Dios en la moral. *Sal Terrae* 87(1999) 531-542.

perdão outorgado a Deus por havê-los colocado em marcha por um caminho difícil.[8]

O *sim que damos a nós mesmos*

Grün define em que consiste a reconciliação consigo mesmo assim:

> Reconciliar-se consigo mesmo é reconciliar-se com a própria história vital. É dizer sim à minha vida, tal como transcorreu. Dizer sim aos meus pais, à minha educação, ao meu caráter, tal como me foram dados. Contudo, bem lá no fundo, em segredo, rebelamo-nos profundamente contra nossa forma de ser. Gostaríamos de ser diferentes. Quereríamos ter outras qualidades. Desejaríamos ter outros amigos, outra profissão. Gostaríamos que todo mundo quisesse bem a nós.[9]

Nesses momentos é que precisamos pronunciar um sincero e categórico sim, e aceitar tudo quanto existe em cada um de nós.

Esse aceitar tem aqui o sentido de assumir minha realidade como minha, que me condiciona mas, ao mesmo tempo, abre-me caminho para novas possibilidades. Porque a realidade mesma, em si, não é nem boa nem má: é o que é.[10]

Nessa perspectiva, nosso autor acredita que esse sim corajoso ao que descubro em mim é uma reconciliação com minhas próprias sombras ou aspectos negativos. Para Jung, "sombra" é tudo o que temos tolerado, o que temos excluído de nossa vida por não coincidir com a imagem ideal que nos havíamos formado de nós mesmos. O ser humano, afirma Jung, está estruturado de maneira polar, ou seja, move-se sempre entre dois pólos: entre razão e sentimentos, entre disciplina e improvisação, entre amor e ódio, entre *anima* e

---

[8] Cf. GRÜN, A. *Si aceptas perdonarte, perdonarás*, cit., p. 43.

[9] GRÜN, A. *Portarse bien con uno mismo*, cit., pp. 80-81.

[10] Cf. AYESTARÁN, S. Reconciliación consigo mismo. *Verdad y Vida* 44(1986) 186.

animus, entre espírito e instinto. Grün conclui dizendo que aquele que não é capaz de confrontar-se decididamente com suas sombras projeta-as necessariamente sobre os outros.[11]

Grün continua nessa mesma linha mas, nesse momento, torna-se desafiador com suas palavras, ao dizer-nos que aceitar as próprias sombras e o negativo em si mesmo não é regozijar-se nisso: é tão-somente admitir sua existência. Isso supõe humildade para descer dos cimos da imagem ideal e coragem para defrontar-se com as misérias da própria realidade.[12]

À reconciliação com nós mesmos pertence também a reconciliação com a corporeidade:

> Se vejo meu corpo, minha história, meu caráter e a mim mesmo como dom de Deus, e tento dar-lhe graças por esse dom, então lograrei a paz de minha alma. Meus horizontes alargar-se-ão e perceberei que tudo é bom e que até o mal que existe em minha vida me ajuda a manter-me em estado de vigilância, e me obriga a confiar mais em Deus e menos em mim.[13]

Grün procura unir o sim dado a nós mesmos com o sim que Deus Pai pronunciou quando perdoou-nos e reconciliou-nos mediante seu Filho Jesus Cristo. Conseqüentemente, só poderemos perdoar-nos se crermos, de todo o coração, que Deus nos perdoou e nos aceitou tal como somos.

Por esse motivo lamenta-se que existam muitos que não levam a sério o perdão de Deus. Diz textualmente:

> Afirmam, por certo, que acreditam nesse perdão. Vão confessar-se e acusam suas faltas. Contudo, no fundo do coração, não se perdoaram a si mesmos. Continuam a inculpar-se incessantemente das falhas passadas, as quais sentem como um fardo pesado. [...] Carregam dentro de si um juiz implacável e sem misericórdia,

---

[11] Cf. Grün, A. *Si aceptas perdonarte, perdonarás*, cit., pp. 44-45.
[12] Cf. id., ibid. pp. 45-46.
[13] Id., ibid. p. 47.

que os acusa sem compaixão. No entanto, "Deus é muito mais misericordioso conosco do que nós com nós próprios".[14]

A reconciliação consigo mesmo significa relativizar as exigências super-heróicas e assumir as forças instintivas como forças positivas da própria natureza humana, isto é, reforçar o *eu* real da pessoa. Para muitos, a cura realizar-se-ia ao sentirem-se queridos em sua realidade, ao ser-lhes oferecida a experiência do amor gratuito de Deus, um Deus Pai que busca e quer a vida e a realização de seus filhos.[15] Grün confirma essas afirmações quando diz que acreditar no perdão de Deus é colocar Deus no lugar de nosso desapiedado *superego*. É acreditar que ele nos aceita com tudo o que carregamos dentro de nós. É crer que, da sua parte, faz muito tempo que perdoou, lavou e transformou tudo o que é objeto de nossas auto-acusações. A fé no amor perdoador de Deus precisa ser capaz de nos fazer afastar o olhar de nossas culpas e dirigi-lo para sua misericórdia. Diante do olhar compassivo do Senhor, podemos ficar em paz e aceitar-nos, porque fomos pacificados com ele e aceitos por ele.

Em resumo: perdoar a si mesmo torna-se mais difícil do que perdoar aos outros, mas esse perdão é condicionante, se quisermos viver consciente e prudentemente o momento atual, sem os pesadelos das faltas de um passado que continuamos a lançar no rosto ocultamente. No entanto, é necessário, enfatiza, demonstrar fé no poder perdoador do amor de Deus, no fato do autoperdão, e converter-nos em anfitriões do perdão, se quisermos ver-nos livres do efeito destrutivo da culpa.[16]

---

[14] Id., ibid. p. 48. Cf. 1Jo 3,20.
[15] Cf. AYESTARÁN, S. Art. cit. pp. 192-193.
[16] Cf. GRÜN, A. *Si aceptas perdonarte, perdonarás*, cit., pp. 48-50.

A RECONCILIAÇÃO COM O PRÓXIMO

Grün afirma que somente aquele que se reconciliou consigo mesmo pode reconciliar-se com os que convive, visto que quem se acha destroçado interiormente tenderá a dividir também tudo o que se encontra dentro de seu raio de ação. Nesse sentido a reconciliação com o próximo é possível unicamente quando nos sentimos dispostos a perdoar-lhes todas as ofensas.[17]

Nosso autor observa como muitos cristãos gostariam de perdoar, fazem grande esforço de vontade para alcançá-lo, mas não podem. A única coisa que conseguem é escavar ainda mais a ferida, torná-la mais profunda e dolorosa, visto que o perdão não é questão de voluntarismo. O que esses cristãos deveriam fazer, sugere, é prestar atenção aos sinais do corpo,[18] o qual lhes dirá que ainda é demasiado cedo para perdoar.[19]

Passos para a reconciliação

Grün apresenta quatro passos para perdoar de coração. Ademais, sugere a necessidade de segui-los rigorosamente e por ordem, pois, do contrário, o perdão ficará bloqueado na vontade, sem poder chegar jamais ao coração. A seguir, expomos os quatro passos para perdoar de coração.

O primeiro passo do perdão "consiste em deixarmos que se manifeste livremente a dor que o ofensor nos causou".[20]

O que Grün pretende é que revivamos a dor a fim de poder dar-lhe a última despedida, pois, ao recordá-la com a perspectiva

---

[17] Cf. id., ibid. p. 50.
[18] Entre as manifestações do corpo, indica: "Notar como lhes falta o fôlego, como o coração acelera o ritmo de suas pulsações e como se lhes forma um nó na garganta". Cf. id., ibid. p. 51.
[19] Cf. id., ibid.
[20] Id., ibid.

do tempo, estamos com melhor disposição para compreender e avaliar o acontecido.

O segundo passo "consiste em dar via livre à indignação e à raiva que se agitam em nosso interior e gritam contra o que nos ofendeu".[21]

Para Grün, indignação e raiva são a força que arranca e lança para longe o punhal, e faz o autor da ferida sair do coração. Trata-se, na verdade, de tomarmos distância do agravante, a fim de poder situar-nos diretamente diante dele e olhá-lo cara a cara. Assim, dar-nos-emos conta de que também ele é uma pobre criança ferida; que aquilo que ele fez foi simplesmente defender-se golpeando em torno de si.

O terceiro passo rumo ao perdão "consiste em tentar fazer-nos um juízo objetivamente valorativo de tudo o que se passou, mas com a perspectiva da distância na qual nos fomos colocando por meio da indignação".[22]

É interessante ver o que nos diz Grün, que descobrimos se demos rédeas soltas à indignação. Ao nos distanciarmos, localizamos com precisão o lugar da ferida e constatamos o que aconteceu ali. Ao mesmo tempo, descobrimos como o outro alcançou, com sua palavra, certas zonas já lesadas. Dessa maneira, a partir desse juízo objetivo, distinguimos se o outro pretendia ferir-nos intencionalmente, ou se apenas, com sua palavra, tocou a zona enferma, reabrindo a antiga ferida. De acordo com suas palavras: "Quando a ofensa afeta essa parte dolorida e sensível, reabre-se a velha ferida, com uma dor mais intensa do que a nova nos causa".[23]

O quarto passo "é a libertação do poder do outro. Enquanto não perdoarmos o outro, estamos dando-lhe poderes sobre nós mesmos, porque permanecemos interiormente atados a ele".[24]

---

[21] Id., ibid. p. 52.
[22] Id., ibid. p. 53.
[23] Id., ibid.
[24] Id., ibid. p. 55.

Aqui, vemos a importância do perdão para viver reconciliados e reconciliar. O perdão recebido e oferecido nos abre um futuro diferente. Por isso que, diz-nos Grün, "se pelo perdão logramos libertar-nos do poder do outro e de seu influxo nocivo, esse perdão nos faz muito bem. O perdão deixa, então, de ser uma exigência difícil para transformar-se em chave de libertação e socorro salutar".[25]

Dessa forma, "não é o ato do opressor que tem a última palavra, mas a nova criação, nascida do perdão".[26] A implicação ética do perdão recebido e oferecido expressa-se na transformação que exige: tanto o ofendido quanto o ofensor só têm futuro reconhecendo sua culpa, assumindo sua realidade, abrindo-se a um espaço novo, não interiormente nem invertendo as situações, mas criando novas relações.

Reconhecemos a importância da tarefa do perdão desta proposta terapêutica de A. Grün.

"Pai, perdoa-lhes, porque não sabem o que fazem" (Lc 23,34)

Grün recomenda meditar sobre estas palavras de Jesus na cruz. Observa, em seguida, como vem à memória de cada um de nós uma lista de pessoas às quais ainda não perdoamos. Nosso autor descreve como, em suas terapias de grupo, muitas pessoas narram suas experiências de fechar-se ao perdão:

> As pessoas com as quais viviam irreconciliadas, às quais não haviam ainda perdoado, estavam presentes em seu interior, como um bocado mal digerido. Sentiam-nas como um peso que lhes encurvava para o chão, como uma pedra que pesava sobre sua alma. Haviam tentado, freqüentemente, evadir-se desses pensamentos, mas jamais conseguiram uma perfeita paz interior. Reconheciam que as pessoas

---

[25] Id., ibid.
[26] DUQUOC, Ch. El perdón de Dios. *Concilium* 204(1986) 216.

com as quais viviam irreconciliadas atuavam como obstáculo para viver e amar, e lhes impossibilitavam concentrar-se no momento presente.[27]

A necessidade de perdoar-nos, ou a pergunta se resta alguém a quem não perdoamos, ou a quem não podemos perdoar, requer tempo e disponibilidade. Assim, pois, Grün diz que "as palavras de Jesus são para todos orientação e ajuda no difícil processo do perdão".[28]

Conseqüentemente, "com as palavras 'perdoa-lhes, porque não sabem o que fazem', Jesus distancia-se desse tipo de pessoas, liberta-se de seu poder. [...] Por isso o perdão é um sinal de fortaleza, não de debilidade".[29]

> À primeira vista, o perdão poderia parecer uma fraqueza, mas não: tanto para ser concedido quanto para ser aceito, supõe uma força espiritual e uma bravura moral a toda prova. Em vez de humilhar a pessoa, o perdão leva-a até um humanismo mais pleno e mais rico, capaz de refletir em si um raio do esplendor do Criador.[30]

Se não conseguirmos perdoar-nos ou perdoar a ferida ou ofensa, esta pode ser fonte de neurose:

> A ofensa vive na lembrança e converte-se numa contínua fonte de sobressaltos e desassossego interno. Ainda sinto o amargor daquela experiência ou, pelo menos, a decepção que me produziu. Ainda me estorvam o ressentimento e a cólera. E, às vezes, descarrego-os sobre os demais.[31]

---

[27] GRÜN, A. *Si aceptas perdonarte, perdonarás*, cit., p. 56.
[28] Id., ibid. p. 57.
[29] Id., ibid. p. 59.
[30] JOÃO PAULO II. No hay paz sin justicia, no hay justicia sin perdón. *Ecclesia* 3080 (2001) 25.
[31] ELIZONDO, V. Perdono, pero no olvido. *Concilium* 204(1986) 250.

Isso nos faz pensar como, no âmbito pessoal ou interpessoal, existe a falsa crença de que o único modo de apagar uma afronta é devolver ofensa por ofensa, ou seja, "a vítima converte-se em ofensor, porque responde à violência com nova violência".[32]

Segundo Grün, a palavra de Jesus desarma, faz-nos descobrir, por um lado, que dentro de cada um de nós existem espaços interiores aos quais ninguém tem acesso para ferir-nos. Somos nós quem outorga ao outro o poder sobre nós, fazendo com que sua simples lembrança se converta em nova ferida. Por outro lado, ao dirigir-se ao Pai pedindo-lhe que perdoe, Jesus está consciente de que é o Pai quem deve perdoar os seres humanos, porque ele é o principal ofendido. Essa verdade ajuda-nos também a perdoar, visto que não podemos impor a nós mesmos a obrigação de perdoar, pois existem em nosso mundo interior outras zonas nas quais não é possível o perdão. Em contrapartida, se pedimos a Deus que os perdoe — ou que nos perdoe —, ficamos livres da pressão de ter de perdoar e a oração do perdão desenvolverá em nós a capacidade de perdoar.[33]

A experiência de Jesus na cruz, morrendo com uma palavra de perdão, faz-nos tomar consciência de que ele não negou o poder do pecado do ser humano. O que ele negou foi o poder do pecado para ditar suas leis e dominar a vida humana. Por sua morte na cruz, voluntariamente aceita e sem a mínima rebeldia, Jesus rompe o feitiço e inaugura o único acesso à vida autêntica. Deus ressuscitou-o dentre os mortos e ratificou seu caminho como o Caminho — o único, o definitivo — para que a humanidade possa ficar livre da morte e aberta à vida. Misericórdia e perdão são o único caminho para acabar definitivamente com esse câncer de pecado e violência que invade a sociedade humana. Não há outro caminho; o sangue de Cristo limpa definitivamente nosso veneno interior, que exige que respondamos ao pecado com outro peca-

---

[32] Id., ibid. p. 251.
[33] Cf. GRÜN, A. *Si aceptas perdonarte, perdonarás*, cit., pp. 59-60.

do — ou pessoalmente, com dureza com nós mesmos. Em Cristo rompe-se o círculo vicioso de uma vida para a morte e se abre a possibilidade de um novo começo.[34]

Nesse sentido, Jesus é apresentado, por um lado, como "terapeuta do perdão".[35] Por outro, como a "imagem normativa do ser humano",[36] tanto para acolher e perdoar como para reconciliar e libertar.[37]

Manifestação do perdão

O perdão oferecido precisa ser mostrado, mas, segundo Grün, tal comunicação pode manifestar-se em uma acolhida cordial, numa aproximação sem receios, numa aceitação da realidade do outro tal como é.

Ainda assim, observa Grün, se é a ofensa que nos separa, deveríamos falar sobre ela, mas com discrição e prudência, uma vez que a conversa sobre a ofensa e o perdão pode converter-se em acusação contra o ofensor.[38] Nesse sentido, é preciso uma grande dose de discrição e de delicadeza para fazer o outro entender que se lhe perdoa, mas sem ofendê-lo ou humilhá-lo.

Outro aspecto a ser levado em conta na manifestação do perdão é o tempo de concedermos o perdão. Grün recomenda-nos dar tempo ao tempo, deixar que os sentimentos se acalmem. Assim, podemos vê-los com maior objetividade e avaliar melhor qual reação seria mais apta e qual a que mais ajuda a ambos a iniciarem uma conversa serena sobre o tema.[39]

---

[34] Cf. ELIZONDO, V. Art. cit. pp. 255-256.

[35] Cf. RUBIO, M. *La fuerza regeneradora del perdón*. Madrid, PS Editorial, 1987. pp. 39-43. Id. *El sentido cristiano del pecado*. Madrid, Paulinas, 2000. pp. 102-106.

[36] Cf. VIDAL, M. *Nueva moral fundamental. El hogar teológico de la ética*. Bilbao, Desclée de Brouwer, 2000. p. 226.

[37] Cf. Mc 2,1-17; Lc 15,1-32; Mt 18,15-17.21-35.

[38] Cf. GRÜN, A. *Si aceptas perdonarte, perdonarás*, cit., p. 61.

[39] Cf. id., ibid. p. 62.

Grün, por sua vez, sugere uma terapia aconselhada por alguns terapeutas àquele que é incapaz de perdoar. Reproduzimos suas palavras:

> Deve imaginar que o ofensor encontra-se sentado em uma cadeira, diante dele. Precisa desabafar e dizer-lhe tudo o que sente, sem desculpar-se de nada e sem nada calar. A seguir, sentar-se ele mesmo na cadeira e inverter os papéis. Terá de responder às acusações e aos gritos do adversário, provocados por sua dor. E poderá, assim, contemplar as injúrias a partir de outra perspectiva. Esse procedimento ajuda, muitas vezes, a perdoar.[40]

O que buscamos é propiciar a reconciliação, curar as feridas, abrir-nos um futuro novo, onde já não existe nem vencedor nem vencido, nem inocente nem culpado, porque somente quando o outro puder conservar intacta sua dignidade estará disposto a aceitar o perdão oferecido e a converter-se em anfitrião do perdão.

Dito de outra maneira: a experiência libertadora do perdão pode ser vivida por um coração ferido graças ao poder sanativo do amor. Existem aqueles que são incapazes de perdoar os outros porque não se decidem perdoar a si mesmos, o ter-se permitido que outros lhe causassem dano. Para perdoar é preciso aceitar a si mesmo, com todas as imperfeições e toda a vulnerabilidade próprias, e reconhecer que a existência neste mundo não deixa ninguém isento da possibilidade de sofrer algum dano. No ato do perdão, quem o pratica pode chegar a uma visão mais realista de si mesmo. Nesse sentido, o perdão é uma oportunidade que se oferece à pessoa, a fim de olhar cara a cara seus próprios sentimentos agressivos, suas expectativas, sua história passada. Assim, no encontro com a verdade, quem perdoa pode chegar a uma maior liberdade em suas mais profundas relações pessoais. Em última instância o perdão é uma forma de amor, um amor que aceita o

---

[40] Id., ibid. p. 63.

outro tal como é. Portanto, perdoar é amar o outro e, ao mesmo tempo, amar a si mesmo.[41]

Porém, a imensa alegria do perdão oferecido e acolhido, que cura feridas incuráveis e restabelece novamente as relações, envia-nos a ser construtores de reconciliação e perdão nas situações concretas de cada pessoa e de cada comunidade.[42]

O SACRAMENTO DA RECONCILIAÇÃO. A CONFISSÃO

Vimos desenvolvendo os diferentes meios e estratégias para promover o perdão e a reconciliação. Nesse contexto, o sacramento situa-se como o cume do dinamismo de perdões e reconciliações interiores e exteriores, vividos concretamente na vida cotidiana, e projeta-se como a celebração de Jesus Cristo, por cuja graça se faz possível esse caminho. Assim, o sacramento opera sobre um fundo de sacramentalidade e de eclesialidade, que constitui a trama de nossa vida. Em outras palavras: o sacramento da reconciliação é como um ponto focal, onde se concentra nossa vida penitencial de todos os dias. A diferença entre os sinais de todos os dias e o sinal sacramental é que este último nos traz o testemunho absoluto da certeza de sermos amados por Deus.[43]

Optamos por chamar o sacramento de confissão[44] porque "confessar é declarar e reconhecer".[45] Confessar também tem a ver com uma pessoa que narra sua história biográfica, seus êxitos e fracassos, e com outra pessoa que escuta essa narração, com o desejo

---

[41] STUDZINSKI, R. Recordar y perdonar. Dimensiones psicológicas del perdón. *Concilium* 204(1986) 188-191.

[42] JOÃO PAULO II. Ofrece el perdón, recibe la paz. *Ecclesia* 2821 (1996) 22-23.

[43] Cf. BERNASCONI, O. Penitentes/III-VI. In: DE FIORE, S. & GOFFI, T. (Dir.). *Nuevo diccionario de espiritualidad*. Madrid, Paulinas, 1983. p. 1138.

[44] Por questões de ordem metodológica, mas no fundo da exposição, levamos em conta as demais expressões com que nomeamos este sacramento: penitência, reconciliação e perdão.

[45] GRÜN, A. *Si aceptas perdonarte, perdonarás*, cit., p. 107.

de que a pessoa que narra descubra algo superior, que a introduza num processo de reconciliação individual e comunitário.[46]

Dizíamos que "confessar é declarar e reconhecer", não é "acusar", mas "declarar e reconhecer". Trata-se, por um lado, de "declarar" tudo aquilo que sou: não somente o mal que fiz, mas também o fato de ser amado por Deus e capaz de amar. Não se trata de negar meu passado, mas assumi-lo, pois o perdão não é esquecimento, ainda que haja quem o acredite assim. Quando Cristo me salva, é toda a minha história que é assumida, não apenas o bem que existe em mim. Em Jesus, Deus aproxima-se do ser humano concreto, com as fortalezas e debilidades que há nele. Por outro lado, "reconhecer" o futuro que Deus nos abre, confessar a misericórdia de Deus é confessar o futuro que Deus nos abre com ele e com meus irmãos. É reconhecer que o amor de Deus age em nossas vidas. Reconhecer-nos penitentes é libertar-nos da imagem idealizada de criança pura e todo-poderosa para reconciliar-nos com nosso futuro ainda inacabado.[47]

Nosso autor também alude a aspectos fundamentais da confissão. Reproduzimos suas palavras pela densidade que contêm:

> Para entender bem o que a confissão deveria significar, precisamos contemplar o comportamento e as ações de Jesus. Porque os sacramentos da Igreja são um encontro com Cristo. Ademais, observa como, nos sacramentos, o Jesus histórico nos toca com suas próprias mãos, como afirmam os Padres da Igreja. O Jesus histórico perdoava os pecados. Esse mesmo Jesus pronuncia, agora, sobre nós, a palavra de perdão. Os homens de então puderam experimentar que Jesus apresentava um novo rosto de Deus, diferente do Deus dos escribas e dos fariseus.[48]

---

[46] Cf. CASTRO, L. A. Reconciliación, individuo y comunidad en Colombia: *Moralia* 24(2001) 219-246.

[47] Cf. MARLIENGEAS, B. D. *Culpabilidad, pecado, perdón*. Santander, Sal Terrae, 1983. pp. 135-136.

[48] GRÜN, A. *Si aceptas perdonarte, perdonarás*, cit., p. 108.

Nesse sentido, nos Evangelhos, Jesus aparece com freqüência relacionando-se com pecadores ou com pessoas tidas por tais na sociedade religiosa de seu tempo. Narram-se também cenas nas quais Jesus aparece outorgando o perdão dos pecados. Seja qual for a historicidade dos relatos, fica clara a atitude de Jesus de acolher os pecadores e de não se mostrar como juiz severo, ou destruí-los. A acolhida de Jesus aos pecadores deve ser compreendida como sinal da vinda do Reino. O Deus que se aproxima é um Deus amoroso, com mais ternura do que uma mãe, que quer acolher a todos aqueles que pensam que não podem aproximar-se dele por causa de seu pecado. É um Deus que sai ao encontro do pecador, abraça-o e organiza uma festa. Portanto, a motivação de Jesus para a conversão não é, como em João Batista, a iminência do juízo e o medo do castigo, mas a incrível bondade de Deus. Por sua vez, o perdão como acolhida enfatiza a graça, o amor incondicional de Deus. Essa experiência é o que liberta interiormente o pecador de si mesmo. Dessarte, a acolhida é libertadora também porque devolve a dignidade àqueles que se sentem desprezados e marginalizados pela sociedade.[49]

Outra afirmação a ser esclarecida é que "nos sacramentos o Jesus histórico nos toca com suas próprias mãos". Devemos entender tal afirmação a partir do conjunto de seus escritos. Arrancada ao seu contexto, soa dissonante. Para Grün, a fé em Jesus Cristo deve curar-nos, libertar-nos, tal qual o Jesus histórico curava e libertava seus coetâneos. Nessa perspectiva, diz o mesmo autor:

> Jesus anunciou o perdão com plenitude de poderes e com uma força divina que libertava de fato os homens de seus pecados. No caso do perdão concedido ao paralítico,[50] aquele homem pôde levantar-se imediatamente e caminhar. Era um homem novo. Estava convencido e podia crer de todo coração que havia sido aliviado do peso de uma culpa que o havia mantido paralisado durante anos.[51]

---

[49] Cf. Sobrino, J. *Jesucristo liberador. Lectura histórico-teológica de Jesús de Nazaret*. Madrid, Trotta, 1997. pp. 131-133.

[50] Cf. Mc 2,1-12.

[51] Grün, A. *Si aceptas perdonarte, perdonarás*, cit., p. 108.

Esta é a experiência que Grün sonha para o penitente ao celebrar o sacramento: que se sinta afetado e tocado de tal maneira em seu interior que o livre de toda culpa e de todo sentimento de culpabilidade que possa pesar sobre ele, e devolva-lhe a plena comunicação com os demais seres humanos. Isso é possível porque, ao confessar-se, o penitente encontra-se com "o Cristo Pascal — Crucificado-Ressuscitado —, que é a encarnação definitiva da misericórdia, seu sinal vivente: histórico-salvífico e, ao mesmo tempo, escatológico".[52]

A terceira afirmação do padre Grün é a que se refere ao fato de Jesus revelar "um novo rosto de Deus". É "a revelação de Deus como 'Amor' e como 'Pai Misericordioso'".[53] Portanto, faz-se necessário "redescobrir" continuamente, na pastoral do sacramento da reconciliação, o verdadeiro rosto de Deus, tal como se manifestou a si mesmo na revelação. Jesus revelou-nos um Deus Pai profundamente bom: essa imagem é fundamental na hora de celebrar o ritual da reconciliação.

> Confessar, em teoria, que Deus é um Deus de amor e de misericórdia é fácil. Contudo, conseguir vivê-lo efetivamente já não o é tanto. Com efeito, não é fácil distinguir o deus justiceiro de nosso imaginário religioso do Deus amor e misericórdia (Deus Pai de Jesus). No entanto, no momento de perdoar, essa distinção se impõe. Jamais conseguiremos perdoar de verdade se não entrarmos antes em relação com o verdadeiro Deus.[54]

Grün afirma que, "no sacramento da confissão, a Igreja deseja transmitir a mesma experiência que teve (então) o paralítico, ou

---

[52] João Paulo II. *Dives in misericordia*, n. 8.
[53] Vidal, M. Las falsas imágenes de Dios en la moral. *Sal Terrae* 87(1999) 538-541. Id. *Nueva moral fundamental...*, cit., pp. 27-53.
[54] Monbourquette, J. *Cómo perdonar. Perdonar para sanar, sanar para perdonar*. 3. ed. Santander, Sal Terrae, 1995. pp. 154-155.

seja, a experiência de que podemos levantar-nos, curados e reconciliados, e viver neste mundo como homens novos".[55]

Observações históricas

Para Grün, uma olhada para trás, sobre a história do sacramento da confissão, mostra-nos imediatamente duas fontes ou canais: como reconciliação e como direção espiritual. Entre essas duas correntes, foi-se mesclando e confundindo uma terceira forma, a confissão como devoção.[56]

Esse olhar sobre a história,[57] sobre as fontes, vai-nos permitir colher algumas luzes para melhorar o modo de celebrar o ritual de reconciliação.

A confissão como reconciliação

Grün sintetiza tal momento histórico nos seguintes dados descritivos:

> Na confissão,[58] entendida como reconciliação, eram reincorporados à comunidade eclesial da Igreja primitiva os cristãos que haviam caído em pecado grave depois do Batismo. Por pecado grave se entendiam os três conhecidos: apostasia (idolatria), adultério e homicídio.[59]

A forma como se realizava o processo de reconciliação era esta:

---

[55] GRÜN, A. *Si aceptas perdonarte, perdonarás*, cit., p. 108.
[56] Id., ibid. p. 109.
[57] Para uma compreensão histórica mais exata do sacramento, cf.: REGIDOR, J. R. *El sacramento de la penitencia*. 4. ed. Salamanca, Sígueme, 1985. pp. 171-236. FLÓREZ, G. *Penitencia y unción de enfermos*. Madrid, BAC, 1993. pp. 79-143. BURGALETA, J. *La celebración del perdón:* vicisitudes históricas. Madrid, Fundación Santa María, 1986. pp. 34-57.
[58] Penitência eclesiástica ou canônica.
[59] GRÜN, A. *Si aceptas perdonarte, perdonarás*, cit., p. 109.

Se o pecador reconhecia publicamente seus pecados, na presença do bispo, era recebido nas filas de penitentes (*ordo poenitentium*), com obrigação de fazer penitência pública à vista da comunidade. Uma vez cumprida a penitência, era reincorporado de novo à vida da comunidade.[60]

A confissão como devoção

A penitência pública eclesial foi sendo substituída paulatinamente pela confissão privada. Vimos como na penitência canônica ou eclesiástica o penitente devia cumprir primeiro a penitência pública antes de receber a absolvição. Agora, na confissão privada, dá-se a absolvição antes de cumprir-se a penitência. Conseqüentemente, observa nosso autor, a penitência ficava reduzida mais a um ato simbólico do que a uma condição prévia. Ademais, caracterizava-se por sua reiteração, cada vez que se pecava.[61]

Em suas origens estão as missões populares, que foram freqüentes no século XIX e que contribuíram para difundir o costume da confissão freqüente. No fundo, estava a idéia de que, quanto mais um cristão se confessasse, mais graças podia receber e acumular. Assim, a graça era avaliada de forma quantitativa, como se, por algumas obras concretas, como a confissão ou as orações de indulgências, alguém pudesse aumentar o tesouro da graça, conclui Grün.

Por último, ele inspeciona a vinculação estreita entre a confissão de devoção e a celebração da Eucaristia. Diz que, "na rigorosa piedade jansenista, pensava-se que um cristão só era digno de aproximar-se da comunhão depois de ter-se confessado".[62] A conseqüência dessa prática é que a comunhão eucarística tornou-

---

[60] Id., ibid. p. 110.
[61] Cf. id., ibid.
[62] Id., ibid. p. 111.

se um acontecimento raro, infreqüente, para o qual alguém devia preparar-se com a confissão prévia.

A confissão como direção espiritual

A segunda fonte histórica da confissão é a chamada direção espiritual, tal como apareceu no monacato antigo. Estaríamos falando da penitência monástica.[63]

A confissão entre os monges, conforme descreve Grün, consistia em que cada monge tinha seu diretor espiritual, ao qual revelava toda a sua consciência. Nela não se tratava somente de confessar faltas, mas de manifestar ao pai espiritual todos os movimentos do coração e da alma: pensamentos, sentimentos, inclinações e carências. Também se falava dos sonhos, do corpo e das enfermidades e transtornos.

Essa relação monge-pai espiritual tinha sua importância por dois motivos que descobrimos. O primeiro motivo relaciona-se ao acompanhante espiritual: dele se espera que tenha o dom da direção dos espíritos e grande conhecimento dos corações a fim de diagnosticar e servir de guia e ajuda ao jovem monge em seu caminho interior.

O segundo motivo refere-se à própria direção espiritual, a qual não é considerada, de forma alguma, sacramento. Poder-se-ia comparar com uma conversa terapêutica, já que nela se buscava, com toda honestidade, o autoconhecimento, a fim de chegar a Deus. Contudo tratava-se, também, de iluminar as zonas obscuras da alma e os fenômenos negativos.[64]

Tal prática da confissão como direção espiritual começou a perder o rumo para o qual nasceu, chegando a sacramentalizar-se. Em conseqüência disso, converteu-se em confissão de devoção para os antigos monges.

---

[63] Cf. FLÓREZ, G. *Penitencia y unción de enfermos*, cit., pp. 126-128.

[64] Cf. GRÜN, A. *Si aceptas perdonarte, perdonarás*, cit., p. 112.

Dessa maneira, diz Grün, o que constituía o temário da conversa na direção espiritual foi incluído na matéria de confissão, desembocando na difusão acentuada da confissão de devoção, na qual, por falta de matéria real de absolvição, avaliavam-se como pecados todas as possíveis imperfeições, ou se pedia novamente perdão pelos pecados da vida passada, já perdoados.[65]

Perspectivas gerais

Dissemos que a intenção de Grün é oferecer-nos luzes que enriqueçam e levem a uma melhor celebração desse ritual de reconciliação da Igreja, permitindo aos seres humanos o encontro sanativo e libertador com Deus, em Cristo, através da mediação eclesial. Assim, crer e celebrar a reconciliação e o perdão sacramental nos comprometem a torná-lo visível em nós, na comunidade humana e cristã, convertendo-nos em promotores da reconciliação e do perdão.

Para nosso autor, a história do sacramento demonstra que a forma atual da confissão como acusação dos pecados no confessionário, com uns conselhos da parte do confessor, não reflete a autêntica intenção que a Igreja vinculou à celebração do sacramento da reconciliação. Por isso julga conveniente voltar às origens, a fim de tornar mais próxima das pessoas de hoje a confissão, como oferta de valiosa ajuda.[66]

Grün lamenta que, atualmente, muitos fiéis conservem graves traumas da confissão. Nessa perspectiva diz como, na confissão, os penitentes eram acossados com perguntas e, com excessiva freqüência e facilidade, também condenados. Outro aspecto doloroso que constata é que, por força da obediência, impunham-se-lhes obrigações que não podiam cumprir, e isso os humilhava. Muitos penitentes, em vez de encontrar na confissão um lugar de

---

[65] Cf. id., ibid. p. 113.
[66] Cf. id., ibid.

compreensão e de acolhida amável, encontravam dureza e condenação. Essas feridas, ressalta Grün, contribuíram para criar em muitos um verdadeiro medo da confissão, se é que não os afastou definitivamente dela.[67]

Outro elemento importante tem a ver com a obrigação de confessar-se. O mesmo autor diz que muitos pensam que pelo simples fato de ser cristãos têm obrigação de confessar-se. Sugere-nos que não se deveria falar de "obrigação', mas de: *deve-se, pode-se, é bom confessar-se*, apresentando as razões, uma vez que na confissão se oferece a possibilidade de experimentar o amor perdoador de Deus. Nesse sentido seria recomendável oferecer como momentos pontuais e focais para celebrar o sacramento os tempos fortes da Igreja, quais sejam: o Advento e a Quaresma, ainda que a necessidade desconheça lei.

Certamente, afirma Grün, e é doutrina certa da Igreja Católica, não há obrigação de confessar senão os pecados mortais, e essa obrigação não existe para o caso em que é impossível lembrar-se dos pecados.[68] E mortais são somente os pecados em que alguém, com plena consciência e em matéria grave, opta livremente ficar contra Deus.[69] No entanto, Grün diz que a maior parte dos pecados não supõe, na verdade, uma decisão consciente contra Deus. Costumam, antes, ser manifestações de debilidades, pecados aos quais arrastam os sentimentos e as paixões.

---

[67] Cf. id., ibid. pp. 113-114. Um estudo que nos fala destes lamentos do P. Grün encontra-se em: GÓMEZ MIER, V. *Adiós al confesionario*. Madrid, Nueva Utopía, 2000.

[68] Cf. CONCÍLIO DE TRENTO. Ses. 14ª *Doctrina de sacramento paenitentiae*, can. 5. *DS* 1682. *Canones de sacramento paenitentiae*, can 7. *DS* 1707. Cf. DENZINGER, H. & HÜNERMANN, P. *Compêndio dos símbolos, definições e declarações de fé e moral*. São Paulo, Paulinas-Loyola, 2007. p. 440. COLLANTES, J. *La fe de la Iglesia Católica*. Madrid, BAC, 1995. pp. 716, 724-725. COMISSÃO TEOLÓGICA INTERNACIONAL. *La reconciliación y la penitencia (1982)*. Documentos. 1969-1996. Madrid, BAC, 1998. pp. 283-286.

[69] Cf. JOÃO PAULO II. *Reconciliatio et paenitentia*, n. 17.

Conseqüentemente, se dialogamos com a psicologia, diz Grün, ela nos dirá que poucas vezes acontece uma decisão completamente livre. Portanto, enfatiza que a maior parte dos pecados e faltas que se costuma ouvir na confissão não carecem de absolvição. O que precisam, na realidade, é de um trabalho de purificação, orientado para um objetivo preciso.[70] Na hora de celebrar o sacramento, é sugestivo levar em conta estas afirmações da Comissão Teológica Internacional:

> Os pecados cotidianos na Igreja antiga eram perdoados com orações litúrgicas [...], especialmente durante a Eucaristia dominical. Junto a isso, tinham importância também outras formas diversas de penitência. Na tradição viva da Igreja, aparecem, antes de mais nada, a leitura da Sagrada Escritura e a oração do pai-nosso. Contudo é preciso mencionar também as realizações, inspiradas pela fé, da conversão naquilo que é a vida cotidiana. Por exemplo: a mudança de mentalidade, a conversação comum sobre a culpa e o pecado em uma comunidade, gestos de reconciliação, a *correctio fraterna*, a confissão de reconciliação. [...] Não se podem esquecer as conseqüências éticas de uma orientação da vida: mudança do estilo de vida, ascese e renúncia de muitas maneiras, ações de amor ao próximo, obras de misericórdia, expiação e reparação vicária.[71]

De tudo o que foi dito, observa Grün, muitas das coisas que se acusam na confissão, entendida como direção espiritual, são tratadas, hoje, no acompanhamento espiritual. Neste, tenta-se chegar a conhecer os mistérios do coração para desenvolver estratégias adequadas para a mudança de conduta, e ver como se transmite o movimento espiritual às engrenagens psicológicas que produzem constantemente as mesmas faltas.[72] Achamos conveniente o acompanhamento, mas deve-se evitar criar co-dependência: o

---

[70] Cf. GRÜN, A. *Si aceptas perdonarte, perdonarás*, cit., p. 114.

[71] COMISSÃO Teológica Internacional. *La reconciliación y la penitencia (1982). Documentos. 1969-1996*, cit., pp. 281, 287-288.

[72] Cf. GRÜN, A. *Si aceptas perdonarte, perdonarás*, cit., pp. 114-115.

acompanhante deve ensinar o acompanhado a caminhar sozinho e a ter critérios para enfrentar o mar da vida.

Ainda assim, diz Grün, quando as pessoas caem em faltas que não podem perdoar a si mesmas, precisam ter, de alguma forma, a experiência de que são aceitas por Deus e recebidas novamente na comunidade humana e cristã, visto que a falta as fazia sentir-se excluídas da comunidade. Essas pessoas necessitam do rito da confissão para se sentirem outra vez membros da comunidade humana e poder acreditar que estão reconciliadas consigo, ou iniciar o processo de reconciliação.

Nosso autor afirma que a reconciliação é um aspecto importantíssimo em toda confissão, porque por ela o indivíduo, insatisfeito consigo mesmo, volta para Deus através do rito e dos símbolos da confissão, é aceito de novo e recebido por Deus. Disso falaremos ao tratar do sentido da confissão.

Grün, porém, faz uma advertência: a necessidade de distinguir e manter separados os dois aspectos da reconciliação, tanto o sacramento da reconciliação como o acompanhamento espiritual ou direção espiritual, para evitar o perigo de misturar e confundir tudo sob a denominação comum de pecado.[73] Para isso pode-nos ajudar o que desenvolvemos nos capítulos precedentes, a contribuição tanto da psicologia como da espiritualidade.

Sentido da confissão

Muita gente, sublinha Grün, costuma perguntar: por que confessar? Deus pode perdoar-nos também sem necessidade de confissão, ou pode-se expor a falta diretamente a Deus, sem necessidade de sacerdote. Em definitivo, a pergunta é: a confissão é necessária? O que traz à pessoa?

Grün responde a essas perguntas dizendo que é claro que Deus perdoa nossos pecados sem necessidade da confissão, já que Deus

---

[73] Id., ibid. p. 115.

não pode estar condicionado pela confissão, pois é sempre ele que perdoa, e nós podemos experimentar seu perdão escutando e meditando sua Palavra, ou apresentando na oração nossa verdade perante seu amor.[74]

Certamente, as perguntas preocupam nosso autor, mas a verdadeira pergunta não é "como Deus perdoa", mas "como nós podemos crer em seu perdão". Grün considera que esta é a pretensão do ritual da confissão: ajudar-nos a crer no perdão, porque há uma voz dentro de nós que nos impede de aceitar o perdão de Deus. Dessa maneira, afirma, "o pecador necessita do rito da confissão como algo que penetra as profundidades do inconsciente e ultrapassa as barreiras psicológicas que o mantinham afastado da fé no perdão".[75]

Para compreender a necessidade, o sentido e a contribuição da confissão, temos de considerar a força do pecado:

> Como ruptura com Deus, o pecado é o ato de desobediência de uma criatura que, ao menos implicitamente, rejeita aquele de quem proveio e que a conserva em vida; [...] uma vez que, com o pecado, o homem se nega a submeter-se a Deus, também seu equilíbrio interior se rompe e desatam dentro de si contradições e conflitos. Assim desestruturado, o ser humano provoca quase inevitavelmente uma ruptura em suas relações com os outros seres humanos e com o mundo criado.[76]

Isso quer dizer que o pecado provoca uma despersonalização no âmbito da pessoa; uma desumanização no seio da sociedade humana e, com relação ao mundo criado, uma desnaturação ou desequilíbrio ecológico.[77]

---

[74] Id., ibid. p. 130.
[75] Id., ibid. p. 131.
[76] JOÃO PAULO II. *Reconciliatio et paenitentia*, n. 15.
[77] Cf. RUBIO, M. *Sentido cristiano del pecado*, cit., pp. 51-68.

Grün indica qual é a função do ritual da reconciliação ao dizer que, "se a culpa (pecado) é grave, o culpado (penitente) precisa de comunicação interpessoal para sentir-se outra vez humano entre os humanos".[78] Com outras palavras, poderíamos dizer que o ritual da reconciliação produz maior personalização do ser humano, maior humanização da sociedade humana e respeito e responsabilidade para com os bens naturais e para com as futuras gerações. Tudo isso é possível porque o perdão oferecido no sacramento tem como fonte o Deus trinitário. Constatamos isso na fórmula de absolvição: "Deus, pai de misericórdia, que pela morte e ressurreição de seu Filho reconciliou o mundo consigo e enviou o Espírito Santo para remissão dos pecados, te conceda, pelo ministério da Igreja, o perdão e a paz [...]".[79]

A mesma fórmula da absolvição reflete a eclesialidade do sacramento,[80] já que a reconciliação, "o perdão e a paz", são pedidos e concedidos "pelo ministério da Igreja". Assim, "a eclesialidade mostra a necessidade que tem a comunidade de deixar-se interpelar pela Palavra e pelo contínuo chamado à conversão, por causa do dano que produz o pecado e pela necessidade de restaurar e revitalizar a comunhão".[81]

Fazemos alusão ao aspecto eclesial do sacramento porque, ao referir-nos à reconciliação consigo mesmo, pode parecer que olhemos o sacramento com sentido privado e intimista. É verdade que

---

[78] GRÜN, A. *Si aceptas perdonarte, perdonarás*, cit., p. 132.

[79] SAGRADA Congregação para o Culto Divino. *Ritual da Penitência*, n. 102. Madrid, Comisión Episcopal Española de Liturgia, 1975.

[80] "Aqueles que se aproximam do sacramento da penitência obtêm da Misericórdia Divina o perdão da ofensa feita a Deus e ao mesmo tempo são reconciliados com a Igreja, que feriram pecando, e a qual colabora para sua conversão com caridade, exemplo e orações." Cf. CONCÍLIO VATICANO II. *Lumen gentium*, n. 11.

[81] MILLÁN ROMERAL, F. *La penitencia hoy. Claves para una renovación*. Bilbao, Desclée de Brouwer, 2001. p. 198.

a confissão é um pacto pessoal, mas tem também uma dimensão social.[82]

Derrubar o muro que separa

Voltamos a destacar a necessidade da confissão. Para Grün, o sacramento chegou a ter, nos últimos decênios, um caráter tão formalístico que não é mais visível em sua verdadeira intenção e não mais se pode experimentar seu efeito sanativo e libertador.

Com efeito, não se trata de confessar todos os pequenos defeitos, mas que à pessoa faz bem falar sobre si de vez em quando, precisamente daquilo com que está descontente em si mesma e onde sente que as coisas não vão bem. O diálogo pode conduzir, então, ao ponto em que se acha nossa culpa, lá onde rejeitamos a vida, onde nos fechamos para Deus, para os outros e para nós mesmos.[83]

A confissão, de acordo com Jung, faz cair o muro que nos separa de Deus, das outras pessoas e de nós mesmos, visto que nela nos reconhecemos humanos entre os humanos.[84]

Evidentemente, o fato de dispor de um lugar onde, com plena consciência, possam ser reconhecidas as fraquezas e os erros, e falar da culpa e dos sentimentos de culpa, é algo necessário para a saúde psíquica dos indivíduos. Por isso é uma autêntica libertação o poder falar livremente de tudo, até de nossos erros e aspectos negativos. Contudo não será positivo se não se realiza dentro de um marco protetor e em circunstâncias nas quais ninguém possa condenar, porque sabemos que ali somos aceitos incondicionalmente. Esse

---

[82] Cf. Comissão Teológica Internacional. *La reconciliación y la penitencia (1982). Documentos. 1969-1996*, cit., p. 271.

[83] Cf. Grün, A. *El gozo de vivir. Rituales que sanan*. 3. ed. Estella, Verbo Divino, 2000. p. 144.

[84] Cf. Grün, A. *Si aceptas perdonarte, perdonarás*, cit., p. 132.

lugar, com essas condições, são, nos dias de hoje, principalmente, a psicoterapia e a confissão.[85]

Nesse sentido, Grün alude à experiência de C. G. Jung, que afirma que a prática da confissão freqüentemente dispensa uma terapia. Seria verdade, diz nosso autor, se as condições externas para a confissão convidassem as pessoas a confiar — amparadas pelo sigilo sacramental — em um sacerdote, que não as condena, mas que as ajuda, quando se encontram envoltas em sua culpa — pecado —, a descobrir a senda da vida e do amor.[86]

Para realizar isso que vimos expondo, é preciso, de um lado, dizer adeus ao confessionário, visto que ele é o primeiro obstáculo para relacionar-nos com o penitente. Do confessionário enxerga-se apenas através de uma grade, e só podemos comunicar-nos por meio de sussurros. Por outro lado, apostar em capelas penitenciais, com ambiente acolhedor, onde o penitente sinta que vai celebrar a festa do perdão, o sacramento da alegria. Esta nova situação permitiria, de acordo com Grün, que

> o diálogo a sós, no qual o outro — o penitente — pode experimentar também a aceitação por meio de meu aperto de mão e pela expressão de meus olhos, é, para mim, o espaço em que as pessoas podem experimentar o efeito sanativo e libertador da confissão.[87]

Teus pecados te são perdoados

O desafio, segundo Grün, é fazer com que a confissão transmita o perdão de Deus de maneira que seu efeito possa chegar até às profundidades do coração do ser humano.

Para isso a dinâmica consiste em fazer com que o rito da confissão chegue a tocar o coração dos penitentes e consiga que estes

---

[85] Cf. id., ibid. pp. 132-133.
[86] Cf. GRÜN, A. *El gozo de vivir. Rituales que sanan*, cit., pp. 147-148.
[87] Id., ibid. p. 147.

acreditem, a partir do mais profundo da alma, no perdão, e possam fazer a experiência de sua força libertadora. O que se quer fazer-nos compreender é que o ritual da reconciliação coloca o penitente em contato com o poder absoluto de Cristo, que atua em Pessoa (por meio da mediação eclesial) sobre o pecador e o livra, ao mesmo tempo, do pecado e dos sentimentos de pecado. O penitente escuta as palavras de Jesus ao paralítico: "Teus pecados te são perdoados [...]. Levanta-te, toma teu leito e vai para tua casa".[88]

Em seu livro *Cómo estar en armonía consigo mismo. Caminos espirituales hacia el espacio interior* [Como estar em harmonia consigo mesmo. Caminhos espirituais rumo ao mundo interior], Grün explica melhor estas palavras de Jesus ao paralítico:

> Quando Jesus assegura a uma pessoa o perdão de Deus, ele a encoraja a tomar a vida nas mãos e a começar de novo. Ao paralítico a quem perdoou os pecados, ordena: "Levanta-te, toma teu leito e vai para tua casa". [Quer dizer], não precisa deixar que seu passado o paralise. O simples fato de que tenha tomado a culpa sobre si não deve ser razão para negar-se à vida. [...] O perdão torna possível um novo começo.[89]

Configuração concreta do rito da confissão

A esta altura, nosso autor propõe algumas estratégias para celebrar com renovado interesse o sacramento da reconciliação. Esses ardis estão em consonância com os *Praenotanda* [*Observações preliminares*] da edição típica do *Ritual Romano*.[90]

Ainda que Grün não diga para qual das fórmulas de celebração do rito ele se inclina, poderíamos dizer que tanto a fórmula A (Rito para reconciliar um único penitente) como a B (Rito para

---

[88] Cf. GRÜN, A. *Si aceptas perdonarte, perdonarás*, cit., p. 134. Mc 2,5.11.

[89] GRÜN, A. *Cómo estar en armonía consigo mismo. Caminos espirituales hacia el espacio interior*. 5. ed. Estella, Verbo Divino, 2001. p. 94.

[90] SAGRADA Congregação para o Culto Divino. *Ritual da Penitência*, nn. 7-25.

reconciliar vários penitentes com confissão e absolvição individual) serviriam nesta proposta de configuração. Ainda assim, opto pela fórmula B, visto que expressa melhor a eclesialidade do sacramento. Voltamos a repetir que ambas nos são úteis para o desenvolvimento que estamos expondo. Definitivamente, o que importa é que o sacramento se veja enriquecido e se permita celebrá-lo tal como foi concebido pela renovação conciliar.[91]

Estas são as cinco estratégias propostas por Grün:

Em primeiro lugar, a confissão precisa de preparação. Grün recomenda-nos começar aplicando o ouvido à voz de nosso interior, a fim de perceber onde existem coisas estridentes ou se percebem ângulos de descida no gráfico de nossa história biográfica, relacional e social, onde nos ferimos e em que possamos ter feito outros sofrerem. Em síntese: é contemplar nossa vida em relação com os demais, com Deus e com nós mesmos.

Em segundo lugar, recordar que o sacramento da reconciliação é uma festa. Para isso diz-nos que devemos preparar-nos o melhor possível para essa festa e dirigir-nos a ela conscientes do que fazemos e do que vamos celebrar: comemoramos a festa da libertação e da reconciliação. Grün diz textualmente:

> Na confissão, vou encontrar-me com Cristo, que me recebe sem impor-me condições prévias. Dirijo-me a Deus, meu Pai, que me espera de braços abertos e celebra comigo a festa da alegria, porque eu me havia afastado e perdido, mas fui encontrado. Porque estava morto, petrificado no cumprimento de normas velhas, mas voltei à vida.[92]

Em terceiro lugar, a confissão mesma: declarar e reconhecer. Grün aconselha não enumerar completamente todas as faltas cometidas. Trata-se de declarar o essencial. Para isso sugere uma

---

[91] "O rito e as fórmulas da penitência sejam revistos de tal forma que exprimam mais claramente a natureza e o efeito deste sacramento." Cf. CONCÍLIO VATICANO II. *Sacrosanctum concilium*, n. 72.
[92] GRÜN, A. *Si aceptas perdonarte, perdonarás*, cit., p. 135.

série de interrogações a fim de poder concentrar-nos na hora de examinar-nos:

Em que me sinto sinceramente culpável? Quais desacordos descubro dentro de mim? Onde tenho experiências que me doem? Que tipo de fardos pesam sobre mim? Por fim, onde está o núcleo de minha responsabilidade, o ponto em que começo a desviar-me de Deus e de mim mesmo, e que devo trazer perante Deus?[93]

Quando o penitente tiver declarado, o sacerdote intervirá para esclarecer pontos obscuros, de maneira que o penitente possa compreender melhor a si mesmo e a seus problemas. Ao mesmo tempo, deveria animar o penitente a partir da Palavra de Deus, fazendo-o ver que sua vida entra dentro do único projeto de salvação.

Outro aspecto que enfatiza quanto a este ponto tem a ver com a penitência ou satisfação. Antes, consistia em realizar coisas exteriores, como rezar certas orações. Ele propõe que tanto o penitente quanto o confessor busquem conjuntamente ajudas interiores para o futuro e os modos de poder libertar o penitente da escravidão de determinadas faltas ou de modelos nocivos. Realça o fato de que melhor do que fazer propósitos exagerados é buscar maneiras concretas de seguir pelo bom caminho.

Em quarto lugar, a confissão conclui-se com a absolvição em nome e com o poder de Jesus Cristo. Grün diz-nos que a confissão, como diálogo que é sobre nós e sobre nossos lados de sombra, sobre nossa vida e nossa culpa, tem uma função terapêutica. A confissão, porém, não é uma psicoterapia; é mais do que um diálogo, pois, no final, acha-se a absolvição, a afirmação do perdão por parte de Deus. [94]

Conseqüentemente, o ritual prevê que o confessor possa impor as mãos sobre o penitente. Para Grün, a imposição das mãos torna

---

[93] Id., ibid. p. 136.
[94] Cf. GRÜN, A. *El gozo de vivir. Rituales que sanan*, cit., p. 146.

visível o perdão de Deus, e o penitente pode experimentar, com todos os sentidos, o amor de Deus oferecido incondicionalmente.[95]

Em seu livro *El gozo de vivir. Rituales que sanan* [*O prazer de viver. Rituais que curam*], diz que a imposição das mãos faz sentir palpavelmente que somos aceitos por Deus, tal como somos, e que somos aceitos também pela sociedade humana, ou seja, experimentamos que nos achamos sob a promessa incondicional de Deus, e que as mãos amorosas de Deus são, para nós, um espaço protetor, no qual nos sentimos abrigados e aceitos.[96]

A confissão finaliza com algumas palavras da parte do confessor: "Teus pecados te são perdoados. Vai em paz". Para nosso autor, nesse momento "é que o perdão pode penetrar até o mais profundo do coração e habilitar-me para perdoar a mim mesmo".[97]

Em seu livro *Cómo estar en armonía consigo mismo. Caminos espirituales hacia el espacio interior* [*Como estar em harmonia consigo mesmo. Caminhos espirituais rumo ao mundo interior*], diz que "vai em paz" significa: "não te dilaceres com sentimentos de culpa; podes ir em paz; em paz contigo mesmo, em paz com as pessoas. Já não tens de desculpar-te por existires. Tu vales muito, tens paz, tens em ti a vida plena e satisfeita. Vive-a, pois!".[98]

Portanto, a finalidade da confissão é alcançar que creiamos não apenas com a cabeça, mas também com o coração, até com todo o nosso corpo, que a culpa foi perdoada e que podemos perdoar-nos a nós mesmos, isto é, a fé no perdão de Deus gera sentimentos de libertação e de reconciliação.[99]

Em quinto lugar, a complementaridade da confissão. Trata-se, por um lado, de celebrar a festa da reconciliação, que pode ser em particular ou com os outros, ou de realizar algum gesto que nos faça sentir que celebramos a grande festa de saber-nos amados

---

[95] Cf. GRÜN, A. *Si aceptas perdonarte, perdonarás*, cit., p. 137.
[96] Cf. GRÜN, A. *El gozo de vivir. Rituales que sanan*, cit., p. 146.
[97] GRÜN, A. *Si aceptas perdonarte, perdonarás*, cit., p. 137.
[98] Cf. GRÜN, A. *Cómo estar en armonía consigo mismo...*, cit., p. 95.
[99] Cf. GRÜN, A. *Si aceptas perdonarte, perdonarás*, cit., p. 138.

por Deus, irrestritamente. Com outras palavras: é a necessidade de celebrar, com outros, de alguma maneira, o amor e o perdão que acabamos de receber. Por outro lado, tornar concreto, em minha vida e na vida dos demais, o perdão oferecido e recebido. A pergunta é: como responder ao amor e ao perdão de Deus? O perdão capacita-nos para dar respostas. Nesse aspecto, Grün sugere que é muito importante não colocar metas excessivas; é melhor propor objetivos reais, exeqüíveis e concretos, que nos recordem de maneira permanente o amor de Deus.[100]

A partir dessa perspectiva e de uma moral construtiva e vivificante, o perdão crido e celebrado é criador. Por isso acentuam-se a satisfação, o arrependimento, a penitência, mas em sentido positivo, como conversão laboriosa. Isso, porém, não implica descuidar a gratuidade do perdão de Deus. Ao contrário, significa não lançar em saco furado a graça do perdão recebido. Nesse sentido o perdão é criador porque nos compromete, não nos deixa indiferentes.[101] Contudo, é bom levar em conta que a força criadora do perdão é possível graças à presença vivificadora do Espírito Santo, que opera em nós.

Desse modo, temos a "mundanidade"[102] da penitência, ou seja, o caráter transformador do perdão oferecido e recebido:

> Aquele que foi perdoado, o reconciliado, deve levar esse perdão aos demais, sendo criador ou promotor de compreensão, tolerância e reconciliação nos ambientes em que se move. É um envio que quase surge do interior mesmo do penitente agradecido, de quem sente a força libertadora do perdão e, por sua vez, quer transmiti-la aos demais. O penitente deve ser convidado (enviado) a pedir, aceitar, conceder, anunciar e promover o perdão.[103]

---

[100] Cf. id., ibid. p. 138.

[101] Cf. MILLÁN ROMERAL, F. *La penitencia hoy. Claves para una renovación*, cit., pp. 273-291.

[102] Cf. VIDAL, M. *Nueva moral fundamental...*, cit., p. 18.

[103] MILLÁN ROMERAL, F. *La penitencia hoy. Claves para una renovación*, cit., p. 288.

Viver a reconciliação na cotidianidade. Assim, a paz e o perdão, efeitos do sacramento, serão uma verdade na vida do penitente e de sua realidade relacional e social.

A missão do sacramento estaria focalizada em despertar nas pessoas o sentido de responsabilidade e de liberdade, "em assumir a realidade, a arcar com a realidade e a encarregar-se da realidade",[104] ou seja, que nos conduza a perdoar-nos a nós mesmos, a perdoar aquele que nos ofendeu e a ter a capacidade de pedir perdão aos que ofendemos, possibilitando, assim, que as relações entre as pessoas sejam justas e humanizadoras.

Iniciar novos caminhos

A experiência do perdão libertador, sanativo e regenerador de Deus deveria levar-nos a uma experiência mais profunda de como Deus vai fazendo com que o perdão irrompa na vida dos outros.

Dessa maneira, a experiência de reconciliação e de perdão sói trazer consigo uma missão ou um chamado a comprometer-nos com uma tarefa específica. Esse chamado pode ter uma dupla conexão: em direção ao passado, com o próprio acontecimento traumatizante — isto constituiu o fundo de nossa exposição; e rumo ao futuro, com alguma tarefa que ajude a prevenir a repetição e impeça que seus efeitos voltem a ameaçar-nos. Nisso consiste a proposta de encetar novos caminhos.[105] É bom levarmos em conta esta afirmação na hora de começar novos caminhos: de que a missão, tarefa ou chamado brotam da experiência de sentir-nos verdadeiramente reconciliados.

---

[104] SOBRINO, J. *Jesucristo liberador. Lectura histórico-teológica de Jesús de Nazaret*, cit., pp. 55-56. É preciso observar que estas são palavras de I. Ellacuría, citadas por Sobrino.

[105] Cf. SCHREITER, R. J. *El ministerio de la reconciliación. Espiritualidad y estrategias*. Santander, Sal Terrae, 2000. p. 155.

Ainda assim, Grün diz que o perdão e a reconciliação não se dão apenas entre indivíduos, mas principalmente entre grupos e comunidades; ou seja, perdoar-se a si próprio não é um fim em si mesmo, mas serve para edificar a sociedade humana, cristã, as relações interpessoais. Um perdão que permanecesse em si mesmo deveria ser questionado.

O perdão e a reconciliação devem acontecer tanto na minicomunidade matrimonial como nas macrocomunidades sociais e nos estados entre si. Portanto, a reconciliação tem, nesses casos, uma dimensão política.

Grün considera que os cristãos temos, no mundo de hoje, a grave responsabilidade de sermos autores, anfitriões de reconciliação entre os grupos e as nações em conflito. De garantir o perdão aos que nos têm ofendido, e pedi-lo por qualquer falta que possamos ter cometido. Nessa perspectiva, para tornar visível e operante neste mundo a eficácia do perdão e da reconciliação, o único necessário é um pouco de fantasia e espírito de criatividade.[106]

Por conseguinte, a liturgia convida-nos a pedir que a Igreja, que a comunidade dos crentes "seja sinal da unidade entre os seres humanos e instrumento da vossa paz",[107] ou "que vossa Igreja seja testemunha viva da verdade e da liberdade, da justiça e da paz, para que toda a humanidade se abra à esperança de um mundo novo".[108]

Portanto a Igreja, como Povo de Deus, "guiada pelo Espírito Santo, pretende somente uma coisa: continuar a obra do próprio Cristo que veio ao mundo para dar testemunho da verdade, para salvar e não para condenar, para servir e não para ser servido".[109]

---

[106] Cf. GRÜN, A. *Si aceptas perdonarte, perdonarás*, cit., p. 65.
[107] *Missal Romano*. Oração eucarística sobre reconciliação II.
[108] ID. Oração eucarística VI-d.
[109] CONCÍLIO VATICANO II. *Gaudium et spes*, n. 3.

Ainda assim, tem de ser para o mundo sacramento, ou seja, sinal e instrumento de reconciliação. Nesse sentido precisa ser testemunha da verdade do perdão e da reconciliação,[110] servidora e salvadora do homem concreto, com sua história biográfica, relacional e social, do ferido nas veredas da vida. Assim, "faz-se presente, pela força do Espírito Santo, a mensagem de reconciliação que Deus concedeu por Jesus Cristo".[111]

---

[110] Para aprofundar a interconexão entre Igreja e reconciliação, cf.: RUBIO, M. *La fuerza regeneradora del perdón*, cit., pp. 65-89.

[111] COMISSÃO Teológica Internacional. *La reconciliación y la penitencia (1982)*. Documentos. 1969-1996, cit., p. 296.

Conclusões

1. A psicologia nos mostra as múltiplas feridas que se abrem no homem em seu processo de desenvolvimento e de amadurecimento, por falta de acolhida, carinho, e de excessivas exigências. Ainda assim, como essas primeiras carências repercutem mais adiante na personalidade de cada indivíduo!

Isso nos leva a pensar na importância da alimentação psíquica e afetiva no desenvolvimento humano. Precisamos nutrir-nos de um alimento que não apenas sustente e conserve a vida, mas que torne possível a vida real e verdadeira; que nos possibilite viver em plenitude.

2. Uma verdade fundamental que devemos integrar em nossa personalidade é que a vida sempre nos ferirá, queiramos ou não. O sofrimento, passado ou presente, é um elemento essencial de nossa vida. Contudo, as feridas não nos podem causar danos se não nos ferimos. A questão é como nos comportamos com nossas feridas, se temos crenças falsas a respeito delas. Aí é que nos ferimos a nós mesmos e as projetamos sobre os que estão ao nosso redor.

No entanto, podemos converter as feridas em fonte de salvação, e elas nos tornarão mais críveis e sensíveis para com as pessoas que nos rodeiam. Com efeito, no amor de Cristo nossas feridas serão a porta de entrada do amor salvador e libertador de Deus em nossos ambientes.

3. Se perdoar é uma forma de amar, o homem precisa amar a si mesmo a fim de poder perdoar os outros. Contudo, se nos tra-

tamos como está descrito nos mitos dos heróis gregos, causando danos a nós mesmos e não aceitando a mediania da vida, o processo de reconciliação e de perdão nos resultará difícil. Portanto, o ser humano necessita encontrar-se consigo mesmo, aceitar sua realidade tal como é e, a partir daí, iniciar caminhos de conversão, de restauração e de cura.

4. Nem a inculpação nem a exculpação são fontes de desenvolvimento humano. Só nos desenvolvemos quando somos capazes de olhar de frente nossas faltas, pecados e culpas, e considerá-los como ocasião e oportunidade. O meio para conseguir isso será a transformação das pulsões agressivas, pelo mecanismo da sublimação, em atitudes e atividades criativas, interior e exteriormente construtivas.

Nessa perspectiva, o ritual da reconciliação, como diálogo e encontro focal com o amor reconciliador de Cristo, permite a criação de sentido, e seu feito sanativo sobre a pessoa impele-a a construir novas relações humanas e humanizadoras.

5. A espiritualidade de baixo pode ser vivida como uma experiência libertadora e terapêutica, visto que nos oferece ferramentas para encher-nos de coragem na escuta e no diálogo sereno com a voz de Deus, feita linguagem através de nossas paixões, sentimentos, sonhos, corporalidade e enfermidades psicossomáticas. Tornando-nos conscientes de que nossa fragilidade humana, nossas insuficiências e aparentes fracassos se convertem no espaço de encontro com Deus, reiniciamos uma renovada relação com ele, compreendendo que, de nossa parte, apresentamos nossas mãos vazias, calejadas pelo esforço, e, da parte de Deus, sua graça, que nos transforma e humaniza.

Essa forma de viver a vida convida-nos ao autoconhecimento, buscando integrar e harmonizar a estrutura polar (*anima-animus*) da personalidade, reconciliar resistências e contemplar a vida de maneira diferente.

6. A primeira e urgente tarefa da nova evangelização é a apresentação do Deus Pai de Jesus como Pai amoroso, que não vem

para condenar, mas para salvar; por isso os penitentes não devem ter medo e sim alegria com sua vinda. O Deus que se aproxima é um Deus Amor e Misericórdia, que quer acolher a todos aqueles que pensam que não podem acercar-se dele por causa do próprio pecado, falha ou culpa. É um Deus que sai ao encontro do penitente, abraça-o e prepara-lhe uma festa.

A experiência de Jesus é paradigmática para a pastoral sacramental hoje: Jesus, diante do homem ou da mulher feridos, marginalizados, enfermos, responde a partir da acolhida, oferece-lhes a acolhida como perdão e libertação, enfatizando a graça, o amor incondicional de Deus. Esse amor gratuito é que alcança o que não conseguem as meras experiências morais nem as ameaças, nem os rechaços sociais: libertar interiormente as pessoas de si mesmas.

7. Diante do sentimento de culpabilidade, temos, de um lado, o trabalho terapêutico, que deverá ser dirigido ao reconhecimento da verdadeira culpa, à admissão da responsabilidade sobre os próprios atos, à explicitação do reconhecimento interno e, em última instância, à reparação, buscando fazer algo para evitar que o ocorrido volte a acontecer. Por outro lado, vivenciado como pecado, falha moral, a terapia sacramental deverá oferecer acolhida, perdão e reconciliação.

8. Optamos por chamar o ritual da reconciliação de confissão por causa do aspecto dialogal e narrativo. Portanto, reivindicamos a compreensão simpática e a relação empática na hora da escuta, pois, quando o interlocutor percebe que é escutado com toda atenção e concentração, quando se sente levado a sério, aí nasce a atmosfera de confiança sem a qual não pode suceder nenhuma conversa frutífera. Por conseguinte, requer-se do confessor pelo menos uma atitude de benevolência e amor. Não deve aparecer com a auto-suficiência orgulhosa de quem sabe tudo e o sabe melhor do que ninguém. Ao contrário, ao interpelar o penitente, deve exprimir-se de forma inteligente, humilde e carinhosa, de

maneira que "a verdade seja dita com amor".[1] Assim, o penitente descobrirá, por trás de suas palavras, a caridade de Cristo.

Entretanto, sem excluir que age *in persona Christi et in nomine Ecclesiae*, deve considerar-se mais que um agente, também um paciente pastoral, ou seja, uma pessoa em busca de e carente do amor e da misericórdia de Deus. Assim, aprenderá a descobrir e a escutar a voz e a pedagogia de Deus no caminho e na vida do penitente que lhe abre seu coração e o faz partícipe de suas intimidades.

Desse modo, confessar não será apenas declarar, mas também reconhecer, isto é, "cantar as misericórdias do Senhor, que dispersa os soberbos de coração, derruba do trono os poderosos e enaltece os humildes".[2]

9. Valorizamos os aspectos de preparação, festa e complementaridade da confissão, ou seja, o sacramento requer preparação: o penitente deve saber-se e tornar-se consciente do que vai declarar. O sacramento tem caráter festivo: celebra-se a festa do perdão e da alegria do reencontro. Celebra-se a festa do saber-se amado por Deus incondicionalmente. O sacramento aprofunda a conversão, o perdão e o amor celebrado necessitam ser partilhados, tornados realidade na história biográfica, relacional e social.

Em outros termos: o perdão crido e celebrado é criador de novas relações, ao que chamamos "mundanidade" da penitência, isto é, a partir do sacramento dever-se-á evidenciar aos penitentes "a sublimidade da vocação dos fiéis em Cristo e sua obrigação de produzir frutos na caridade, para a vida do mundo".[3]

Ademais, urge revalorizar outras formas penitenciais, visto que os pecados cotidianos têm outras fontes de perdão. Essa alternativa revalorizaria o sacramento da reconciliação em seu verdadeiro

---

[1] Ef 4,15.
[2] Lc 1,51-52.
[3] Concílio Vaticano II. *Optatam totius*, n. 16.

contexto: celebrar o reencontro com Deus, com os demais e comigo mesmo. Celebrar que voltei à vida pela mediação da Igreja.

10. Nos dias atuais, a Igreja, como Povo de Deus, comunidade cristã, sabendo-se depositária da missão de Cristo e iluminada pelo apóstolo Paulo, que nos recorda que a reconciliação entre Deus e a humanidade foi uma iniciativa de Deus mesmo, que a ofereceu como dom gratuito e generoso em Cristo,[4] há de aparecer como sinal e instrumento de perdão e de reconciliação. Um de seus serviços ao mundo é tornar-se fonte de reconciliação, convidando incessantemente os povos, raças e outras confissões religiosas à reconciliação. E onde surgirem inimizades, rivalidades, ódios ou ressentimentos, haverá de levantar a voz em favor da reconciliação. Assim, aparecerá como testemunha da verdade do perdão e da reconciliação, servidora e salvadora da pessoa humana e da sociedade.[5]

---

[4] Cf. 2Cor 5,20–6,2.
[5] Cf. Concílio Vaticano II. *Gaudium et spes*, n. 3.

Bibliografia

Fontes

GARCÍA LLOVERA, J. M. Presentación. In: GRÜN, A. *Oración y autoconocimiento*. Estella, Verbo Divino, 2001. [Ed. bras.: *Oração e autoconhecimento*. 4. ed. Petrópolis, Vozes, 2007.]

GRÜN, A. *Cómo estar en armonía consigo mismo. Caminos espirituales hacia el espacio interior*. 5. ed. Estella, Verbo Divino, 2001.

_____. *El gozo de vivir. Rituales que sanan*. 3. ed. Estella, Verbo Divino, 2000.

_____. La herida que me abre. La herida como oportunidad. In: GRÜN, A. & MÜLLER, W. *Qué enferma y qué sana a los hombres*. Estella, Verbo Divino, 2000. pp. 91-111.

_____. *La sabiduría de los Padres del desierto*. Salamanca, Sígueme, 2000.

_____. *No te hagas daño a ti mismo*. Salamanca, Sígueme, 2001.

_____. *Nuestras propias sombras. Tentaciones. Complejos. Limitaciones*. 4. ed. Madrid, Narcea, 2001.

_____. *Oração e autoconhecimento*. 4. ed. Petrópolis, Vozes, 2007.

_____. *Orientar personas, despertar vidas*. 2. ed. Estella, Verbo Divino, 2001.

_____. *Portarse bien con uno mismo*. 4. ed. Salamanca, Sígueme, 2000.

_____. *Si aceptas perdonarte, perdonarás*. Madrid, Narcea, 2001.

GRÜN, A. & DUFNER, M. *Una espiritualidad desde abajo. El diálogo con Dios desde el fondo de la persona.* Madrid, Narcea, 2000. [Ed. bras.: *Espiritualidade a partir de si mesmo.* Petrópolis, Vozes, 2004.]

_____. *La salud como tarea espiritual. Actitudes para encontrar un nuevo gusto por la vida.* Madrid, Narcea, 2000.

GRÜN, A. & ROBBEN, M. M. *¿Fracasado? ¡Tu oportunidad!* Estella, Verbo Divino, 2001.

_____ & SARTORIUS, C. *Para gloria en el cielo y testimonio en la tierra. La madurez humana en la vida religiosa.* Estella, Verbo Divino, 2001.

MÜLLER, W. La casa de recogimiento en Münsterschwarzach. In: GRÜN, A. & MÜLLER, W. (Dir.). *Qué enferma y qué sana a los hombres.* Estella, Verbo Divino, 2000.

_____. Qué nos pone enfermos y qué nos da la salud. El cuerpo. La psique. El alma. In: GRÜN, A. & MÜLLER, W. *Qué enferma y qué sana a los hombres.* Estella, Verbo Divino, 2000. pp. 11-37.

OTT, R. ¿La actividad profesional cotidiana hace que se enferme en la labor pastoral o en la vida del convento? In: GRÜN, A. & MÜLLER, W. (Dir.). *Qué enferma y qué sana a los hombres.* Estella, Verbo Divino, 2000. pp. 39-90.

ESTUDOS

Livros

AU, W. & CANNON, N. *Anhelos del corazón. Integración psicológica y espiritualidad.* Bilbao, Desclée de Brouwer, 1999.

AUGER, L. *Ayudarse a sí mismo. Una psicoterapia mediante la razón.* 11. ed. Santander, Sal Terrae, 1987.

_____. *Ayudarse a sí mismo aún más.* 4. ed. Santander, Sal Terrae, 1992.

_____. *Vencer los miedos.* 3. ed. Santander, Sal Terrae, 1993.

BONET, J. V. *El diario íntimo:* buceando hacia el yo profundo. Bilbao, Desclée de Brouwer, 2001.

BORING, E. G. *Historia de la psicología experimental*. México, Trillas, 1978.
BURGALETA, J. *La celebración del perdón:* vicisitudes históricas. Madrid, Fundación Santa María, 1986.
CASTANYER, O. & ORTEGA, E. *¿Por qué no logro ser asertivo?* Bilbao, Desclée de Brouwer, 2001.
CENCILLO, L. *Psicología de la fé*. Salamanca, Sígueme, 1997.
COLLANTES, J. *La fe de la Iglesia Católica*. Madrid, BAC, 1995.
COMISSÃO Teológica Internacional. *La reconciliación y la penitencia (1982). Documentos 1969-1996*. Madrid, BAC, 1998.
CONCÍLIO VATICANO II. *Mensagens. Discursos. Documentos*. 2. ed. São Paulo, Paulinas, 2007.
CORDERO PANDO, J. *Psicoanálisis de la culpabilidad*. Estella, Verbo Divino, 1976.
CRUZ HERNÁNDEZ, M. *Lecciones de psicologia*. Madrid, Revista de Occidente, 1969.
DE BOTTON, A. *Las consolaciones de la filosofía. Para tomarse la vida con filosofia*. Madrid, Taurus, 2001.
DELAY, J & PICHOT, P. *Manual de psicologia*. Barcelona, Toray-Masson, 1974.
DENZINGER, H. & HÜNERMANN, P. *Compêndio dos símbolos, definições e declarações de fé e moral*. São Paulo, Paulinas-Loyola, 2007.
FLÓREZ, G. *Penitencia y unción de enfermos*. Madrid, BAC, 1993.
GARRIDO, J. *Adulto y cristiano. Crisis de realismo y madurez cristiana*. 5. ed. Santander, Sal Terrae, 1997.
_____. *La relación con Jesús hoy. Reflexiones pastorales*. Santander, Sal Terrae, 2001.
_____. *Ni santo ni mediocre. Ideal cristiano y condición humana*. 5. ed. Estella, Verbo Divino, 1998.
GÓMEZ MIER, V. *Adiós al confesionario*. Madrid, Nueva Utopía, 2000.
_____. *De la tolerancia a la libertad religiosa*. Madrid, Perpetuo Socorro, 1997.
HÄRING, B. *Shalom:* paz. El sacramento de la reconciliación. Barcelona, Herder, 1998.
JOÃO PAULO II. *Dives in misericordia*. São Paulo, Paulinas, 1998. Col. A voz do papa, n. 96.
_____. *Reconciliatio et paenitentia*. São Paulo, Paulinas, 1985. Col. A voz do papa, n. 106.

LEWIS, C. S. *Una pena en observación*. 7. ed. Barcelona, Anagrama, 1998.
LÓPEZ IBOR, J. J. *La agonía del psicoanálisis*. 6. ed. Madrid, Espasa-Calpe, 1981.
MARLIENGEAS, B. D. *Culpabilidad, pecado, perdón*. Santander, Sal Terrae, 1983.
MASIÁ, J. Aprender a perdonarse a sí mismo y dejarse perdonar. In: ALEMANY, C. (Ed.). *14 aprendizajes vitales*. Bilbao, Desclée de Brouwer, 1998. pp. 167-182.
_____. *Caminos sapienciales de Oriente*. Bilbao, Desclée de Brouwer, 2002.
_____. *Moral de interrogaciones. Criterios de discernimiento y de decisión*. Madrid, PPC, 2000.
MOYA SANTOYO, J. *Historia de la psicología. Autores más influyentes*. Madrid, PS Editorial, 2002.
MILLÁN ROMERAL, F. *La penitencia hoy. Claves para una renovación*. Bilbao, Desclée de Brouwer, 2001.
MISSAL ROMANO. Orações eucarísticas. São Paulo, Paulus, 2004.
MONBOURQUETTE, J. *Cómo perdonar. Perdonar para sanar, sanar para perdonar*. 3. ed. Santander, Sal Terrae, 1995.
_____. *Crecer. Amar, perder... y crecer*. Santander, Sal Terrae, 2001.
NOUMEN, H. J. M. *El sanador herido*. Madrid, PPC, 1997.
PACOT, S. *Evangelizar lo profundo del corazón. Aceptar los límites y curar las heridas*. Madrid, Narcea, 2001.
REGIDOR, J. R. *El sacramento de la penitencia*. 4. ed. Salamanca, Sígueme, 1985.
ROJAS, E. *Quién eres*. Madrid, Temas de Hoy, 2001.
RUBIO, M. *El sentido cristiano del pecado*. Madrid, Paulinas, 2000.
_____. *La fuerza regeneradora del perdón*. Madrid, PS Editorial, 1987.
SAGRADA Congregação para o Culto Divino. *Ritual da Penitência*. Madrid, Comisión Episcopal Española de Liturgia, 1975.
SCHREITER, R. J. *El ministerio de la reconciliación. Espiritualidad y estrategias*. Santander, Sal Terrae, 2000.
SOBRINO, J. *Jesucristo liberador*. Lectura histórico-teológica de Jesús de Nazaret. Madrid, Trotta, 1997.

TORNOS, A. *Cuando hoy vivimos la fe. Teología para tiempos difíciles*. Madrid, San Pablo, 1995.
VV. AA. *El culpable. ¿Es un enfermo o un pecador?* Buenos Aires, Desclée de Brouwer, 1952.
VIDAL, M. *Moral de actitudes. Moral fundamental*. 8. ed. Madrid, Perpetuo Socorro, 1990. v. I.
_____. *Nueva moral fundamental. El hogar teológico de la ética.* Bilbao, Desclée de Brouwer, 2000.
WHITFIELD, C. L. *Límites, fronteras y relaciones. Cómo conocerse, protegerse y disfrutar de uno mismo*. Bilbao, Desclée de Brouwer, 1999.
ZABALEGUI, L. *¿Por qué me culpabilizo tanto?* 3. ed. Bilbao, Desclée de Brouwer, 2000.

Artigos

AYESTARÁN, S. Reconciliación consigo mismo: *Verdad y Vida* 44 (1986) 185-199.
BEIRNAERT, L. La teoría psicoanalítica y el mal moral: *Concilium* 56 (1970) 364-375.
BOROBIO, D. El perdón sacramental de los pecados: *Concilium* 204 (1986) 279-298.
CASTRO, L. A. Reconciliación, individuo y comunidad en Colombia. *Moralia* 24 (2001) 219-246.
DUQUOC, C. El perdón de Dios: *Concilium* 204 (1986) 207-217.
ELIZONDO, V. Perdono, pero no olvido. *Concilium* 204 (1986) 249-261.
ESTÉVEZ, E. "Y todos los que lo tocaban quedaban sanados". El cuerpo como espacio de gracia. *Sal Terrae* 85 (1997) 323-336.
GARCÍA CALLADO, M. J. Raíces del conflicto interpersonal y grupal. Vías de reconciliación. *Sal Terrae* 85 (1997) 797-805.
GARCÍA DOMÍNGUEZ, L. M. "Vivir de heridas" ¿Cómo superar el resentimiento? *Sal Terrae* 88 (2000) 115-128.
GARCÍA MONGE, J. A. Culpabilidad psicológica y reconciliación sacramental. *Sal Terrae* 62 (1974) 170-179.
GISMERO GONZÁLEZ, E. Génesis de los sentimientos de culpa. *Razón y Fe* 239 (1999) 65-74.

GISMERO GONZÁLEZ, E. Las clases de culpa y su manejo. *Razón y Fe* 242 (2000) 315-327.
JOÃO PAULO II. El sacramento de la penitencia. *Ecclesia* 2965 (1999) 26-27.
_____. El sacramento de la reconciliación se orienta hacia la salvación integral del hombre. *Ecclesia* 2893 (1988) 26-28.
_____. La confesión, una visita de Dios a la casa del hombre. *Ecclesia* 3094 (2002) 26-30.
_____. No hay paz sin justicia, no hay justicia sin perdón. *Ecclesia* 3080 (2001) 22-26.
_____. Ofrece el perdón, recibe la paz. *Ecclesia* 2821 (1996) 20-23.
KERSTIENS, F. La confesión como diálogo liberador. Situación actual. *Selecciones de Teología* 33 (1994) 309-312.
LÓPEZ AZPITARTE, E. El difícil arte de ... amarse a sí mismo. *Sal Terrae* 83 (1995) 397-407.
MÁRQUEZ, M. Los enemigos de la interioridad, las enfermedades del corazón. *Sal Terrae* 87(1999) 451-464.
MARTÍNEZ PEÑA, J. Dificultades en la experiencia del perdón. *Studium* (Madrid) 39 (1999) 473-489.
MASIÁ, J. El arte de no exagerar. Caminos orientales de lucidez hacia la verdad. *Sal Terrae* 80 (1992) 399-406.
_____. Perdonarse a sí mismo y dejarse perdonar. *Sal Terrae* 78 (1990) 791-802.
NOGUÉS, R. M. Culpa y perdón. *Selecciones de Teología* 33 (1994) 303-308.
PETERS, J. Función del perdón en las relaciones sociales. *Concilium* 204 (1986) 169-178.
RUBIO, M. La virtud cristiana del perdón. *Concilium* 204 (1986) 263-278.
_____. ¿Qué es moralmente factible? *Moralia* 24 (2001) 399-324.
_____. Significado del fenómeno de la culpa. *Moralia* 8 (1986) 99-124.
SOARES-PRABHU, G. "Así como nosotros": *Concilium* 204 (1986) 235-247.
STUDZINSKI, R. Recordar y perdonar. Dimensiones psicológicas del perdón. *Concilium* 204 (1986) 179-191.
TORNOS, A. Culpables y sin acceso a Dios. *Concilium* 242 (1992) 55-66.
TORRES QUEIRUGA, A. Contigencia, culpa y pecado. *Iglesia Viva* 124 (1986) 325-347.

VEGA, I. La "conciencia de culpa". El Dios de Jesús y los sentimientos de culpabilidad. *Sal Terrae* 82 (1994) 547-558.

_____. Viaje interior. El proceso y los cauces de la interiorización cristiana. *Sal Terrae* 82 (1994) 303-316.

VERGOTE, A. El sacramento de la penitencia y la reconciliación. *Selecciones de Teología* 37 (1998) 71-80.

VIDAL, M. Las falsas imágenes de Dios en la moral. *Sal Terrae* 87 (1999) 531-542.

_____. Rasgos para la teología moral del año 2000. *Moralia* 20 (1997) 153-170.

VIVES, J. La reconciliación, gracia de Dios para fraternizar. *Sal Terrae* 85 (1997) 787-796.

ZABALEGUI, L. Aproximaciones al concepto de sentimiento de culpa. *Moralia* 12 (1990) 87-105.

Dicionários

BERNASCONI, O. Pecador pecado. In: DE FIORE, S. & GOFFI, T. (Dir.). *Nuevo diccionario de espiritualidad*. Madrid, Paulinas, 1983. pp. 1104-1120.

_____. Penitente/I. In: DE FIORE, S. & GOFFI, T. (Dir.). *Nuevo diccionario de espiritualidad*. Madrid, Paulinas, 1983. pp. 1127-1130.

_____. Penitentes/III-VI. In: DE FIORE, S. & GOFFI, T. (Dir.). *Nuevo diccionario de espiritualidad*. Madrid, Paulinas, 1983. pp. 1132-1141.

GOFFI, T. Pecado y penitencia. In: DE FIORE, S. & GOFFI, T. (Dir.). *Nuevo diccionario de espiritualidad*. Madrid, Paulinas, 1983. pp. 1121-1127.

_____. Penitentes/II. In: DE FIORE, S. & GOFFI, T. (Dir.). *Nuevo diccionario de espiritualidad*. Madrid, Paulinas, 1983. pp. 1130-1132.

LEÓN-DUFOUR, X. *Vocabulario de teología bíblica*. 4. ed. Barcelona, Herder, 1967.

WITTLING, W. Jung, Carl Gustav. In: ARNOLD, W. et al. *Diccionario de psicología*. Madrid, Ediciones Ríoduero, 1979. v. II, pp. 251-253.

ZUANAZZI, G. F. Patología espiritual. In: ARNOLD, W. et al. *Diccionario de psicología*. Madrid, Ediciones Ríoduero, 1979. v. II, pp. 1085-1101.

Sumário

Prólogo 3
Introdução 9

1. O que adoece as pessoas? 17
   Causas da dureza contra si mesmo 19
   Formas de falta de amor a si mesmo 26
   Rigorismo na vida espiritual 34
   Violência contra as pessoas e as coisas 39

2. Reações perante a falta 43
   Sentimentos de culpa e culpabilidade 45
   A falta como oportunidade 50
   O mal 51
   Nem inculpar, nem exculpar 55
   O diálogo libertador.
   Tratamento do sentimento de culpa 57

3. Uma contribuição da espiritualidade a partir
   de si mesmo 71
   Aspectos psicológicos da espiritualidade de baixo 77
   Desenvolvimento de uma espiritualidade de baixo 80
   Critérios para uma espiritualidade terapêutica 95

4. Reconciliação e perdão na vida pessoal 109
   Nossa própria reconciliação 109
   A reconciliação com o próximo 115
   O sacramento da reconciliação. A confissão 122

Conclusões 145
Bibliografia 151

Impresso na gráfica da
Pia Sociedade Filhas de São Paulo
Via Raposo Tavares, km 19,145
05577-300 - São Paulo, SP - Brasil - 2008